영화관에 간 심리학

영화관에 간 심리학

박소진 지음

믹스커피
MIXCOFFEE

당신에게도 인생 영화가 있나요? ————

누군가가 내게 특별한 영화를 묻는다면 나는 언제나 서슴없이 영화 〈하울의 움직이는 성〉*을 꼽는다. 그러나 얼마 전까지 나는 이 영화가 왜 나에게 특별한가에 대해서 구체적으로 설명하지 못했다. 그저 좋은 작품이기 때문일 것이라고 단순히 생각했지만, 그것만으로는 뭔가 부족했다. 그게 무엇이었을까.

이 영화를 처음 접했던 순간부터 수십 번 영화를 보고 또 보았지만 이해되지 않았던 부분과 장면들, 어쩌면 무의식적으로 머릿속으로 수십 번 재생해보았을지도 모르는 그 장면들이 있었다. 그

---

* 〈하울의 움직이는 성〉 Howl's Moving Castle, 2004

감독: 미야자키 하야오 | 출연: 바이쇼 치에코(소피 목소리), 기무라 타쿠야 (하울 목소리)

어느 날 소피는 마녀의 저주를 받고 할머니가 되어버린다. 변해버린 자신의 모습 때문에 어쩔 수 없이 머물던 곳을 떠나게 되고, 우연인지 필연인지 하울의 움직이는 성에 들어가게 된다. 청소부가 되어 미소년 하울과 동고동락하면서 다시 자신의 모습을 찾아가게 되고 하울과 점점 가까워지는데….

| 영화 〈하울의 움직이는 성〉
 스틸

러던 어느 날, 그 답이 나를 찾아왔다.

내 기억에 인상 깊게 남아 있는 영화 속 한 장면이 있다. 소피가 시공간을 초월해 이동 가능한 '하울의 성'에 입성한 후, 타이머를 돌리고 문을 열면 사람들이 왁자지껄한 시장통부터 아름다운 정원, 황량한 벌판까지 신기하게도 다양한 장소들이 펼쳐진다. 소피가 여느 때와 같이 타이머를 돌리고 문을 열자 화창한 봄날의 초원이 있다. 모처럼 신이 난 소피와 마루쿠루와 허수아비, 그리고 정체 모를 강아지가 신이 나서 뛰어나간다.

햇살 좋은 한낮, 빨래를 널어놓고 맛있는 점심을 먹는 장면은 보기만 해도 기분을 상쾌하게 만든다. 잠시 후 마루쿠루와 소피가 의자에 앉아 초원과 초원의 끝닿은 곳에 조용히 흐르는 강물을 바라보던 장면. 그리고 더 시간이 흐르면 소피 혼자 망연히 앉아 있는 뒷모습.

누군가에게는 그냥 스쳐 지나갈 만한 이 장면이 왜 나에게는 오랜 시간 각인되어 있었던 것일까? 소피의 뒷모습에서 나의 20대를 보았기 때문이었다는 것을 나는 뒤늦게 깨닫는다.

이 영화의 이 장면을 볼 때마다 주체할 수 없을 정도로 흘러내리는 눈물의 의미를, 영화를 처음 접하고 10여 년이 지나서야 알게 되었다. 20대 초반, 나는 가슴이 답답하고 벅차오를 때마다 공터에 앉아 있곤 했다. 푸른 잔디가 펼쳐진 공터에 앉아 온종일 그 잔디를, 허공을 바라보았다. 그렇게 파편화된 나의 조각들을 하나하나 끼워 맞추다 보면, 시간이 흐르는지도 모르게 하루가 저물곤 했다. 해가 기울고 노을이 지기 시작할 때까지 있다 보면 하염없이 누군가가 '네 잘못이 아니야.'라고 위로해주는 것만 같았다. 그 덕에 외로움과 고독감 그리고 막막한 두려움을 오롯이 견딜 수 있었다. 한동안 바쁘게 살며 잊고 있었던 기억이 이 영화를 보며 떠올랐던 모양이다.

이 영화의 설정은 황당하다. 그렇지만 영화를 보면서 황당함이 오래 가지는 않는다. 그 의미를 왠지 알 수 있을 것 같기 때문이다. 나도 스무 살 무렵에 빨리 늙어버렸으면 좋겠다고 생각한 적이 있었다. 사는 것이 너무 힘들고 앞으로 펼쳐질 미래를 감당할 자신이 없었다. 어떻게 살아야 할지 어디로 가야 할지, 내 삶의 지도가 전혀 없었다. 무엇을 어떻게 해야 할지 모르겠다는 열패감과 무기력감에서 헤어 나오기 힘들었다.

어떤 이들은 20대 초반까지를 청소년기 후기로 보는데, 이 시기에는 자아정체성을 형성하고 앞으로 일어날 미래를 대비하기 위해 것들을 준비해야만 한다. 그리고 중요한 결정을 해야 하는 시기이기도 하다. 아직 마음의 준비도, 충분한 경험도 없는 시기에 진로와 결혼 등 삶의 중대한 사안을 결정하고 책임을 저야 한다는 것은 아이러니다.

그 때문인지 소피는 자신이 할머니가 된 사실에 충격을 받지만 이를 곧 수용한다. 어쩌면 당연한 결과로 받아들이는 듯하다. 영화 속에서 소피는 아름다운 여인임에도 스스로 아름답다고 생각해본 적이 없다고 말한다. 흔히 20대는 그 자체만으로 아름답다고 하지만, 정작 20대에는 그 시절이 아름답게만 느껴지지 않는다. 하고 싶은 것은 많은데 경험도 부족하고 갖추어진 것이 별로 없기 때문에, 또 그에 비해 이상은 높기 때문에 현실의 벽에 부딪혀 좌절하기 쉽다. 그래서 20대는 아름다운 만큼 죽고 싶을 만큼 고통스러운 시기이기도 하다.

"너의 젊음이 너의 노력으로 얻은 상이 아니듯이 내 늙음도 내 잘못으로 받은 벌이 아니다."

― 영화 〈은교〉 중 적요의 대사

20대 초반 한 수필집에서 읽었던 희랍신화에 등장하는 무녀의 이야기를 소개한다. 이름이 꽤 알려진 한 무녀가 신들의 만찬에 초대되고 제우스 앞에 서게 된다. 제우스는 무녀에게 "네 소원이 무엇이냐?"라고 묻는다. 그녀는 영원한 삶을 이야기했고, 제우스는 그에 화답해 그녀의 손안에 든 먼지만큼의 시간을 선사한다. 눈에 보이지는 않지만, 이는 무궁한 시간을 의미했다.

그녀는 소원대로 거의 무한대에 가까운 생명을 얻었고 자신의 소원이 이루어졌다고 생각했을지 모른다. 그러나 그녀가 잊은 한 가지가 있다. 그 치명적인 실수로 그녀는 살아 있는 것도 죽은 것도 아닌 영원의 삶을 살게 되었다. 그녀가 놓친 것은 바로 '젊음'이었다. 젊음 없는 영원의 삶은 생각만 해도 끔찍하다. 그러나 젊은 무녀는 당시에는 그 젊음의 위대함을 미처 깨닫지 못했다.

이처럼 젊음은 영원하지 않기 때문에, 그 시절은 한 번 흘러가면 다시 오지 않기 때문에 소중하다. 그래서 순간순간 깨어 있으면서 우리는 현재의 삶을 즐기는 방법을 알아가야 한다. 그러다 보면 어느새 나이를 먹은 자신과 마주하게 된다.

소피는 이와 반대로 자신이 누구인지를 차근히 알아가면서 점점 원래 자신의 모습으로 되돌아간다. 나이가 들고 성숙하면서 나다워지고 자신의 본질에 가까워짐을 상징적으로 보여준다고 할 수 있다.

어떤 영화는 자신의 인생을 닮아 있기도 하고, 어떤 영화는 삶의 지표가 되기도 하고, 어떤 영화는 한 사람의 인생에 강한 영향을 주기도 한다. 영화가 주는 가장 큰 미덕이고 내가 영화를 선택한 이유이기도 하다.

『영화 속 심리학』을 출간한 지 벌써 수년이 훌쩍 지났다. 영화 〈악마를 보았다〉를 TV에서 우연히 보다가 영감을 얻어 쓰기 시작해서, 지금까지 영화 관련된 글을 쓰고 있다는 것도 무척이나 고마운 일이 아닐 수 없다. 영화는 누구에게나 친근한 매체이고, 심리학을 전공하면서 지금까지 이 두 분야를 적절히 조합하는 과정에 대해서 오래전부터 생각해온 터라 가능한 것이었다. 어렸을 적 꿈이 글쟁이였던 것도 빼놓을 수 없다.

다시 '영화 속 심리학'을 쓰려고 한다. 이번에는 병리보다는 좀 더 일반적인 심리에 대해 다루려고 한다. 앞서 인간 심리를 쉽게 이해시키고자 영화를 끌어들여 흥미와 재미뿐 아니라 감동을 주고자 했던 의도와 달리, 영화 속 인물들의 정신병리(이상심리)에 집중하다 보니 너무 심각한 병리들을 다뤄 상당한 충격을 받았다는 의견이 있었다.

그나마 영화라는 매체가 주는 매력 덕분에 여기저기에서 강의 의뢰가 들어왔고, 관심을 가져주는 분들이 많았다는 것은 고무적이었다. 추계예술대학 영상시나리오학과에서도 강의 의뢰가 들어왔다. 내 책을 교재로 대학에서 강의하면 좋겠다는 생각은 꿈으로 끝나지 않았다.

짧은 기간이었지만 시나리오 작가나 제작자를 꿈꾸는 학생들과의 교감은 매우 흥미로웠다. 영화전문가가 아닌 심리학자가 영화전문가들을 대상으로 강의를 한다는 것은 서로에게 '윈윈'하는 작업이 될 것이라 믿었고, 학생들의 순수한 궁금증이 오히려 어떤

지은이의 말

식으로 영화와 심리를 연결하고 접근하는 것이 좋을지에 대한 방안을 강구하게 하는 촉매제 역할을 했기 때문이다. 그런 기회를 주신 김상호 교수님 겸 감독님께 감사드린다.

　시간은 유수와 같이 흘러서 불혹을 넘어 곧 지천명의 나이가 된다. 〈하울의 움직이는 성〉이나 〈벤자민 버튼의 시간은 거꾸로 간다〉는 극 중에 시공간을 초월하기도 하고, 시간으로 인해 나의 존재와 그 절대성에 의문을 던지게 만든다. 나이를 한둘 먹어감에 따라 삶의 순간순간에 일희일비하지 않게 되어감은 시간이 주는 교훈 덕분이다.

　팔순의 노모가 병마와 싸우는 동안 나는 그 옆을 지키며 틈틈이 글을 쓴다. 인생은 어느 한순간도 헛되이 흘러가지 않고 있고, 그저 우리는 그 순간을 묵묵히 살아갈 뿐이라는 것을 깨닫는 순간들이다. 이 한 조각의 삶들이 이어져 소중한 결과물로 이어질 수 있기를 바란다.

2020년 10월 강릉에서
박소진

PART 1

영화관에서 사랑을 읽다

PART 4
영화관에서 범죄를 읽다

PART 5
영화관에서 공포·코미디를 읽다

영화와 심리학이 만나다

영화의 기원은 1895년 뤼미에르의 〈뤼미에르 공장을 나서는 노동자들〉, 〈열차의 도착〉이라는 동영상에서부터 출발한다.

움직이는 영상을 본 사람들은 충격에 휩싸였다. 움직이는 영상 자체가 주는 신기함도 있었지만, 영원히 기록되어 대대손손 남는 영상의 존재가 죽음에 대한 극복의 의미도 담고 있었기 때문이었을 것이다.

불과 100여 년이 지났을 뿐인데 영화는 비약적인 발전을 이루었고, 우리의 일상 깊숙이 파고들고 있다. 최근에는 인터넷과 결합한 넷플릭스, 왓챠 등과 같은 OTT 서비스를 통해 많은 영화와 드라마들이 매우 빠른 속도로 공유되고 있다. 국경을 넘어 우리나라의 영화와 드라마에 전 세계인들이 함께 울고 웃으며 열광하고 있는 현상에 놀라울 뿐이다.

영화는 강력한 매체임과 동시에 안전한 매체다. 흔히 영화를 '2시간짜리 인생'이라고 한다. 2시간이라는 짧은 시간 안에 인간

| 영화 〈열차의 도착〉의 스틸
프랑스의 해변 도시 라 시오
타(La Ciotat)의 기차역에 열
차가 들어오는 모습

의 희로애락이 고스란히 담겨 있다. 이런 이유로 사람들은 영화 속 인물과 스토리에 몰입하고 주인공에게 감정 이입해 울고 웃기도 하고 분노하기도 하며 사회적 반향을 일으키기도 한다. 예를 들어 〈도가니〉, 〈소원〉 등 실화를 바탕으로 한 영화는 공분을 일으키며 약자, 특히 아동이나 장애인 성폭력에 대한 사회적 관심을 높여 처벌을 강화하도록 요구하는 촉매제로서 역할을 했다.

또한 영화는 심리 치료적 특성을 갖는다. 영화는 놀이적인 속성이 있는데, 시간과 장소, 인과론의 법칙을 허무는 즐거움이 있다. 영화를 통해 자신이 경험한 세계와 조우할 수 있고 과거의 나를 만나기도 하고 미래의 나를 경험하기도 한다.[*]

인간은 기본적으로 타인의 삶을 훔쳐보고 싶은 욕구가 있다. 이런 욕구를 영화가 일정 부분 해소해주면서 그 안에서 자신을 투

---

[*] 김은하 외 지음, 『영화치료의 기초』, 박영스토리, 2016

영하기도 하고 타인과 자신을 비교하기도 한다.

이렇듯 영화는 안전한 투사 도구다. 관객들은 영화를 보면서 영상 텍스트 맥락에서 심리적으로 안전한 거리를 유지하면서 영화의 등장인물에게 자신의 다양한 감정과 생각을 투사한다. 이를 통해 방어기제를 완화하고 자신에게 일어나는 신체적 느낌, 감정, 변화, 통찰 등을 알아차리면서 자신과 이야기할 수 있는 기회를 가질 수 있다.[*]

우리나라 영화 〈기생충〉, 〈미나리〉 등은 각종 상을 휩쓸며 세계인들의 관심과 사랑을 받았다. 〈기생충〉의 반지하 공간은 한국에만 존재하는 특이한 가옥 구조다. 영화는 가난으로 상징되는 반지하 집에 사는 사람들이 작당해 부자로 상징되는 높은 담벼락과 넓은 정원을 가진 집에 온 가족이 입성에 성공하는 이야기를 다룬다. 사실상 그들의 범죄적 행위에도 우리는 심장이 쫄깃쫄깃하게 숨죽이며 지켜보았고, 한편으로 그들이 성공적으로 부자들의 삶에 편입되어 들어가는 모습을 즐기기까지 했다.

그러나 집주인조차 모르는 '지하'가 존재하고 있었고 그 지하에서 남몰래 숨어들어 사는 전 집사 문광의 남편 근세의 존재가 드러나며 그들의 꿈은 산산조각이 난다. 이후 그들이 살아남기 위해 서로 죽고 죽이는 혈극이 벌어지는 반전의 상황에서 극적인 감정

---

[*] 김은하 외 지음, 「영화치료의 기초」, 박영스토리, 2016

18

을 경험하게 된다.

　이런 상황이 실제로 일어난다면 끔찍할 일이지만, 영화니까 괜찮다. 그렇게 가슴을 쓸어내릴 수 있어서 얼마나 다행인가. 영화 속에 등장하는 칼을 든 사람은 적어도 스크린을 뚫고 나오지 않을 것이기에.

　로맨틱 영화와 드라마를 좋아하는 한 친구가 이런 말을 한다.

친구: 요즘 한 드라마를 보면서 애정욕구를 해소하고 있지. 남자 배우가 너무 멋있어.
　나: 현실에는 저런 남자 없어.
친구: 그러니까, 얼마나 다행이야!
　나: 뭐가?
친구: 딱 거기까지, 화면 밖으로 나오지 않으니까.
　나: 왜?
친구: 귀찮거든.

글을 시작하며

반사회성 인격장애도 사랑을 할 수 있나요?

남녀는 원래 한 몸이었다?

사랑의 이름으로 그대의 죄를 사하노라!

결혼은 미친 짓이다!

PART 1

영화관에서
사랑을 읽다

반사회성 인격장애도
사랑을 할 수 있나요?

7년 전 모든 것이 시작되었다

7년의 밤 Seven Years of Night, 2018
감독: 추창민
출연:

장동건
오영제 역

류승룡
최현수 역

S#1 그날 밤, 모든 일이 시작되었다!

세령마을의 댐 관리팀장으로 부임을 앞둔 최현수는 동료들과 노래
방에서 신나게 놀고 있다. 술기운이 거하게 차오르고 동료들과 이
야기하고 있는 와중에 부인으로부터 전화가 온다. 가족이 지낼 사
택을 보러 가라는 전화다. 새로 산 아파트는 세를 주고 현수의 가족
은 사택에서 살게 된 것이다. 아파트를 샀다는 사실을 알고 동료들

23
●

| 영화 〈7년의 밤〉 스틸

은 부러워하지만, 정작 현수는 매달 갚아야 할 이자가 부담스러울 뿐이다.

부인의 잔소리에 못 이겨 사택을 보러 가는 길, 차 한 대가 앞을 가로막고 있다. 근사한 차에 탄 누군가의 손이 그에게 먼저 가라는 수신호를 보내고, 현수는 차를 앞지르려고 한다. 그런데 갑자기 속도를 내는 앞차. 순간 맞은편에서 오는 트럭을 피하려다 사고가 날 뻔하자, 현수는 분을 참지 못하고 앞차를 추월해버린다. 앞차를 추월했다는 기쁨은 잠시, 원래 가려고 했던 길을 지나쳐버리고 만다. 길을 잃고 헤매다가 갑자기 뛰쳐나온 여자아이를 발견하지 못하고 사고를 낸다.

현수는 호수에 아이를 유기한다. 그의 머릿속에 떠오른 아파트, 그리고 자신의 아들, 마누라… 그는 어쩔 수 없는 선택이라고 믿고 싶었지만, 지속되는 악몽에서 벗어나지 못한다. 그날 이후로 그의 삶은 모든 것이 달라져버린다.

24

S#2 오롯이 서 있는 그만의 성

기계적인 목소리로 누군가와 통화 중인 오영제. 장인과의 통화인 듯하다. 장인에게 이미 이혼한 전처를 돌려보내라며 조용히 협박한다. 그러던 중 자신의 뒤를 따라오는 차 한 대(현수의 차)를 발견하고 손을 흔들어 앞으로 가라며 자리를 내어주려 한다. 그러나 차가 추월하려 하자 추월을 허용하지 않겠다는 식으로 속도를 낸다. 현수의 차와 비교되지 않을 만큼 좋은 차로 현수를 농락하다가 다시 그의 추월을 허용해준다.

돌아온 그의 저택, 외딴 터에 자리 잡은 이층집은 그만의 성처럼 오롯이 서 있다. 집에 들어와서 옷을 갈아입고 집 구석구석을 살피다가 넘어져 있는 전처의 립스틱을 발견하고 딸의 방으로 들어간다. "엄마 물건 건드리지 말라고 했지?" 얼핏 상냥한 듯한 목소리와 말투에는 아무런 감정이 드러나지 않는다. 방 안의 딸 아이가 엄마와 통화하고 있음을 알아차리고 아이를 때리기 시작한다. 영제를 피해 도망치던 딸 세령은 혼자 산길을 뛰어 내려오다 현수의 차에 치여 쓰러진다.

S#3 분노에 사로잡힌 오영제

세령의 실종으로 마을은 발칵 뒤집힌다. 이내 수색 작업이 시작되고, 싸늘한 주검으로 돌아온 딸을 보자 광기 어린 분노에 사로잡힌 오영제는 복수를 다짐한다. "어떤 놈이 그랬는지 찾아서… 똑같이 갚아줘야지." 아이의 실종을 두고 굿을 하는 장인과 장모를 찾아가

행패를 부리는 등 온갖 패악을 부리는 오현수의 두 눈에 눈물이 맺힌다.

〈7년의 밤〉은 정유정 작가의 동명 소설을 영화화한 것이다. 6년 만에 신작으로 돌아온 추창민 감독은 "전작들이 인간의 선함에 집중한 캐릭터와 이야기라면, 〈7년의 밤〉은 성악설을 바탕으로 '과연 그 악은 진짜인가'에 대해 고민한 작품이다."라고 했다. 그러나 성악설을 바탕으로 선과 악에 대한 조명만으로 이 영화를 설명하기에는 부족한 면이 많다고 생각한다.

그의 눈물은 악어의 눈물일까

영화에는 오영제가 딸의 주검을 보고 오열하는 장면이 나온다. 딸을 학대하는 나쁜 아버지로 보이던 그가 딸의 죽음을 확인하고 눈물을 흘리는 것이 어떤 의미인지 혼란스럽다. 사이코패스도 부성애가 있는 걸까? 완벽함에 집착해 삶을 망치는 정신병이 존재할까? 오영제의 눈물은 악어의 눈물인 걸까? 이런 질문을 받고 이 영화를 처음 접했다.

흔히 우리가 말하는 사이코패스(psychopath, 정신병질자)와 소시오패스(sociopath, 사회병질자)의 공식 명칭은 '반사회성 인격장애(antisocial personalty disorder)'다. 반사회성 인격장애는 타인의 권리를 침해하는 양상을 보이며, 여러 범죄와 관련되는 경우가 많다. 오영제는 사이코패스일까? 그런 가능성을 배제하기는 어려워 보인다.

영화 〈7년의 밤〉의 오영제는 부인과 이혼하고 어린 딸과 함께 살고 있다. 아마도 그의 폭력적이고 집요한 성격 때문에, 부인은 견디지 못하고 어린 딸을 두고 이혼한 것으로 추정된다. 실제로 아내가 자신의 아버지와 한 통화 녹음에서 그녀는 자신의 남편을 '악마'라고 하며 흐느끼는데 목소리에는 공포가 서려 있다. 그는 도망간 아내와 몰래 연락하는 어린 딸을 학대한다.

이런 모습을 보면 사이코패스가 아닌가 의심스러울 수 있다. 그러나 행동만으로 그를 사이코패스나 반사회성 인격장애로 규정하기는 어렵다. 한 인물을 정확하게 평가하기 위해서는 면담, 심리검사 등의 자료를 통해 면밀한 분석이 선행되어야 한다. 다만 우리는 그의 언행을 통해 합리적 추론을 할 수 있다.

추창민 감독의 인터뷰를 보니 감독은 영화를 통해 선과 악이라는 주제에 대해, 악의 절대성에 의문을 던지려고 한 듯하다. 우발적인 사고로 오영제의 딸을 죽이고 자신의 아들을 살리기 위해 또 다른 살인을 저지른 최현수가 악인인가, 아니면 끝까지 최현수를 추적하며 괴롭히는 오영제가 진짜 악인일까?

쉽게 결론을 내리기는 어렵지만, 영화에서 오영제가 눈물을 머금고 하늘을 응시하던 장면은 많은 것을 설명해준다고 생각한다. 수업 시간에 학생들에게 이 장면을 보여주고 어떤 느낌이 드냐고

27

| 영화 〈7년의 밤〉 스틸
악인의 이미지를 연출한 오
영제

물어보니 "슬퍼 보인다."라는 대답이 많았다. 그러나 그의 표정에
는 단순히 '슬프다'는 말로는 설명되지 않는 무엇인가가 있다.

오영제로 분한 장동건은 지금까지 보여주었던 선한 이미지를
탈피해 처음으로 악역에 도전했다. 악인의 이미지를 연출하기 위
해 헤어라인을 뒤로 밀고 곱슬머리에 붉은 얼굴 등 파격적인 변신
을 시도한다. '옥니를 한 곱슬머리는 상종하지 마라'는 옛말에 부
합하는 모습이다.

성실하고 자기 관리가 철저하다고 알려진 장동건표 연기에 대
해 감히 한마디 해보려고 한다. 그동안 전형적이면서 다소 화석화
된 듯 '장동건이 장동건의 연기를 하고 있다'라는 느낌적인 느낌(!)
을 지울 수 없었는데, 나는 이 단 한 번의 연기가 모든 걸 상쇄해
주었다고 생각한다. 적어도 이 영화에서 장동건은 자신이 아닌 오
영제에 빙의가 된 듯했다. 스틸의 표정이 오영제라는 인물을 이해
하는 핵심이다. 바로 '자기 연민'이다.

자기 연민은 스스로를 가엽게 여기는 것이다. 오영제와 같은

성격의 소유자들은 스스로가 피해자라는 피해의식과 타인에 대한 끊임없는 불신 속에서 살아간다. 무표정한 그는 겉으로 감정이나 생각을 읽을 수가 없다. 마치 감정이 없는 것처럼 자신을 드러내지 않는다. 왜 그럴까? 타인을 신뢰하지 않기 때문에 철저히 자신의 속내를 감추고 거리를 두는 것이다.

S#4 그의 딸, 그리고 아내

딸의 실종 사실을 듣고 나서 경찰서에 간 영제. 뭔가 이상한 느낌을 감지한 그가 경찰서를 나서는데, 경찰관이 다급하게 그를 부른다. "선생님, 아내분이 자살을…" 그런 경찰관을 잠시 쳐다보고 고개를 돌려 걸어 나오는 영제. 오늘따라 햇살이 눈이 부시다. 선글라스를 꺼내 쓰고 혼잣말로 되뇐다.

"미친년…"

딸이 실종되고 나서 보인 반응이나 부인이 자살했다는 소식을 전해 들었을 때 보이는 오영제의 행동을 보자. 보통 사람들과는 많이 다르다. 마치 햇살이 눈이 부셔서 그런 것처럼 선글라스를 쓰면서 그는 쓴웃음을 지었지만, 눈에 맺힌 눈물은 감추지 못했다.

그런 측면에서 오영제는 반사회성보다는 편집성 인격장애에 가깝다. 물론 반사회성 인격장애 특성도 같이 지닌 것으로 보인다. 인격장애는 중복적으로도 발생하기도 하는데, 오영제의 두드러진 특성은 편집성에 가깝다는 것이 내 생각이다.

29

편집성 인격장애, 타인을 불신하라!

'편집'에는 '한쪽으로 치우친 생각을 하고 집착한다'라는 의미가 있다. 영어로도 'paranoid(편집성)'는 '편협하고 과대망상적'이라는 뜻을 담고 있다. 편집성 인격장애(성격장애라고도 하는데 같은 의미로 쓰인다)의 특성은 타인을 의심하고 악의가 있다고 판단하는 것이다. 그 이면에 자신들이 희생양이고 피해자라는 뿌리 깊은 피해의식이 깔려 있다. 세상과 타인은 믿을 수 없고 악으로 가득 차 있으므로 그런 세상과 타인으로부터 연약한 자신을 지켜야 한다고 생각한다. 이런 생각이 타인에 대한 불신과 의심, 공격으로까지 이어질 수 있다.

오영제의 부인은 아마도 끊임없이 외도했다는 의심을 받고 이로 인해 고통을 겪었을 가능성이 크다. 편집성 인격장애를 앓는 사람들이 흔히 보이는 증상 중의 하나가 '의처증'이나 '의부증'으로 나타나는, 밑도 끝도 없는 외도에 대한 의심이다. 불충분한 증거로도 그들은 그들의 애인이나 배우자가 외도했다고 믿는다.

영화 〈적과의 동침〉*에서도 주인공이 남편으로부터 외도를 의심받고 폭행을 당하는 장면이 나온다. 남편은 부인이 옆집 남자와 가벼운 눈인사를 한 것조차 외도로 의심하고 "너 언제부터 저놈과 만났어? 젊은 남자를 보니 좋아?"라며 부인을 때리기 시작한다. 오영제도 이런 형태의 폭력을 일삼았을 것이라고 추측되는 장면이 있다. 바로 오영제가 자신의 딸을 허리띠로 때리는 장면이다.

영화 〈적과의 동침〉의 남편 캐릭터 또한 편집성 인격장애가 의심되는데, 이 경우는 강박성 인격장애도 공병**되는 것으로 보인다. 앞서 질문 중 '완벽주의에 빠져 인생을 망칠 수 있는가?'에 해당하는 장애가 강박성 인격장애다. 이들은 완벽, 통제, 순서 등에 지나치게 몰입해서 효율성과 융통성을 잃는다. 오영제 역시 이런 면을 보여주는 장면들이 나온다.

오영제의 폭력적이고 가학적인 행위를 정당화할 생각은 없다. 어떤 형태라도 폭력은 미화될 수 없기 때문이다. 그러나 그의 내면을 들여다보면 짠한 마음이 드는 것도 사실이다. 왜 그가 이렇게 살 수밖에 없었는가에 방점을 찍으면 말이다. 아마도 그는 어린 시절 적절한 정서적 돌봄을 받지 못했을 것이다. 사랑보다는 비난과 학대를 받으며 세상은 믿을 수 없는 것으로 생각하며 자랐을 가능성이 높다. 그가 자신의 딸을 허리띠를 사용해 악랄하게 폭행하는 장면은 아마 자신도 그런 식으로 폭행을 당했을 가능성

---

* 〈적과의 동침〉 Sleeping With The Enemy, 1991

감독: 조셉 루벤 | 출연: 줄리아 로버츠(로라 버니 역), 패트릭 버긴(마틴 버니 역)
미모의 여인 로라는 부자에다 미남인 남편 마틴과 결혼한다. 마틴이 극도의 결벽증에다 심한 의처증까지 있는지 알지 못한 채. 로라는 곧 본성을 드러내는 마틴에게 일거수일투족을 감시당하고 구타까지 당한다. 어느 날 요트를 타고 남편과 함께 바다로 나가게 되는데, 풍랑을 만나 마틴은 실종된다. 장례를 치른 로라는 새로운 생활을 시작하지만 살아 돌아온 마틴이 그녀를 찾아온다.

** 동반이환(comorbidity)이라고도 하며, 동반질병, 공존질환의 의미다. 즉 A라는 장애와 B라는 장애가 동시에 공존할 수 있다. 예를 들어 강박장애와 틱장애의 공존율은 30%다.

을 시사한다. 직접 당해보지 않은 사람이 하기 힘든 행동이기 때문이다.

이런 편집성 인격장애에 대해 대상관계 이론에서는 이렇게 설명하기도 한다. 신생아들은 자신을 돌봐주는 대상, 대체로 엄마라고 규정한다면, 자신이 좋아하는 것을 제공하는 대상과 그렇지 못한 대상을 하나의 대상으로 인식하지 못한다. 엄마는 하나의 대상이지만 그 대상을 각각 좋은 것과 나쁜 것으로 인식한다는 것이다. 당연히 그럴 수 있다. 어린 신생아들은 정확히 대상을 인식할 인지 능력을 발달하지 못했기 때문이다.

심리학자 멜라니 클라인은 이것을 '좋은 젖가슴'과 '나쁜 젖가슴'에 비유했다. 이 둘을 통합하지 못한 데서 오는 비극은 좋은 것은 자신의 것으로 받아들이면서 나쁜 것은 외부의 탓으로 돌리는 데 있다. 전자는 '내사', 후자는 '투사'라고 한다. 투사는 본질적으로는 내부에 존재하는 것이지만 이것을 외부로 추방해버림으로써 자신의 것을 외부에 존재하는 것으로 인식하는 원시적인 방어기제다.

오영제의 예로 다시 돌아가보자. 오영제는 자신의 딸, 그리고 아내의 죽음조차 모두 현수가 저지른 것으로 생각하고 그의 삶을 모두 파괴하는 데 자신의 모든 것과 전 생애를 바친다. "모든 것이 다 완벽하게 될 수 있었는데… 그놈 때문에…"라는 대사에서 느낄 수 있듯이, 모든 것은 내가 아닌 전적으로 누군가의 탓이다. 그래서 '그놈을 찾아 똑같이 갚아줘야지!'라는 오영제의 생각은 적어

| 영화 〈7년의 밤〉 스틸
　결국 자살로 삶을 끝내는 오
　영제

도 자기 입장에서는 타당한 것이다.

　그러나 허무하게도 그 원수, 현수가 자살을 통해 모든 것을 종결시키자 오영제는 극단적인 선택을 하게 된다. 절대적인 악이라 생각했던 생애의 최대 원수, 현수와 그의 아들을 파멸시키면 될 것이라는 오영제의 목표는 산산이 흩어지고 이 목표가 사라진 시점에서 자신의 존재조차 초점을 잃어버린 것이다.

사이코패스도 사랑을 할 수 있을까?

사이코패스, 반사회성 인격장애자도 감정을 가진 인간이다. 그들은 사회적으로 잘 기능하는 경우가 많기 때문에, 더러는 그들이 사이코패스인지 반사회성 성향을 지녔는지 드러나지 않을 수 있다. 그들이 느끼는 감정이나 정서라는 것이 일반적인 사람들과 다소 다른 측면이 있다고 하더라도 그들은 로봇이 아니라는 점에서 사랑을 느낄 수 있다고 생각한다.

'사랑'은 다양한 형태와 정의로 개념 지을 수 있는 추상적인 개념이다(사랑에 대한 설명은 뒤에 더 자세히 알아볼 것이다). 사랑이 무엇인가 질문한다면 당신은 무엇이라고 대답할 것인가? 이런 사랑이라는 것에 심리학적인 연구가 이루어지기 시작한 것은 비교적 최근의 일이다. 당신이 누군가를 사랑한다고 생각할 때 그것이 진정한 사랑인지 여부를 어떻게 증명할 수 있을까? 우리에게는 그 사랑이라는 것이 파괴적이지 않고 얼마나 건강하게 상호 호혜적일 것인가가 중요하다고 생각한다.

오영제는 현수의 아들을 납치해 가던 중 옛 기억을 떠올리며 이혼한 전 부인을 보고 처음으로 '갈증'을 느꼈다고 말한다. 이 갈증은 '욕망'으로 읽힐 수 있고, 또는 사랑받지 못한 자의 '사랑에 대한 갈구(love hunger)'일 수 있다. 그는 소유를 통해 사랑을 이루려고 시도했고 자신만의 완전한 사랑을 위해 스스로는 최선의 노력을 기울여왔다고 생각하는 듯하다. 그런데 모든 것이 한순간에 물거품으로 사라지게 되면서 그는 분노하게 된 것이다. 어찌 보면 그는 사랑하는 방법을 모르고 자신의 상호 작용의 방식에 문제가 있다는 것을 인지하지 못했던 것이다.

'Personality disorder'는 인격장애 혹은 성격장애*로 번역된다. '성격'은 타고난 기질과 환경이 만나 오랜 시간 동안 형성되는데, 대개 성인기 초기쯤 완성되는 것으로 알려져 있다. 그래서 이런 성격이 성장 과정에서 잘못 형성되었다면 오랜 기간 형성된 성격을 변화시키는 것은 어렵다. 성격은 하나의 패턴으로 유지되기 때문에 자신의 증상에 동조적인 경우가 많다. 이들은 상담이나 치료를 받고자 하는 동기가 거의 없고 예후도 좋지 않다. 조기에 개입해 성격적인 특성으로 자리 잡기 전에 필요한 조치들이 취해져야 한다.

어린 오영제에게 적절한 상담이나 개입이 이루어졌다면, 그의 상처를 어루만져주는 사람이나 그에게 관심을 두고 이해해주는 누군가가 있었다면, 어쩌면 그의 전 생애에 걸쳐 불행한 사태는 일어나지 않았을지도 모른다. 그는 외로운 섬처럼 스스로 고립된 채 자신을 위협하는 타인과 세상과 고독하게 맞서 싸우며, 자신은 그럴 수밖에 없다고 그렇게 하지 않으면 안 된다고 굳게 믿고 살아왔던 것이 아닐까 추측해본다.

---

* 성격장애란 내적 경험과 행동의 지속적인 유형과 개인이 속한 문화에서 기대되는 바로부터 현저하게 편향되어 있는 지속적인 유형을 의미한다. 만연하고 경직되어 있고, 청소년기나 성인기 초기에 발병하며, 시간이 지나도 변함없이 유지되며, 고통이나 손상을 초래하는 특징을 보인다(DSM-5). 성격장애에는 편집성, 조현형, 조현성, 반사회성, 경계성, 연극성, 자기애성, 회피성, 의존성, 강박성 총 10개의 성격장애가 포함된다.

남녀는 원래 한 몸이었다?

그(녀)는 진실한 사랑을 찾을 수 있을까?

헤드윅 Hedwig And The Angry Inch, 2001

감독: 존 카메론 미첼

출연:

존 카메론 미첼	미리암 쇼어	마이클 피트
헤드윅 로빈슨/한셀 역	이츠학 역	토미 노시스 역

S#1 여자보다 더 아름다운 남자

주인공은 성전환 수술의 실패로 여자도 남자도 아닌 상태로 살아간다. 남자로 태어났지만, 그를 여성의 삶으로 인도한 것은 일광욕 중이었던 그의 뒤태를 보고 반한 미국 장교에 의해서다. 한눈에 반해서 장교는 "아가씨, 이름이 뭐지?"라며 그에게 말을 건넨다. 목소리가 들리는 쪽으로 몸을 돌리니, 자신을 바라보는 한 남자가 있다. 그의 입에서 찬사가 흘러나왔다. "어떻게 너는 여자보다 더 아름다울 수가 있지?"

S#2 간절하게 원할수록 점점 더 멀어져가는

그의 말 한마디가 그의 인생을 바꾸어 놓았다. 그는 장교를 따라 미국행을 결심했고, 그 조건으로 성전환 수술을 해야만 했다. 불행히도 수술은 성공적이지 못했다. 얼마 후 장교와도 헤어지고 그는 비운의 로커로 성공했지만, 진정으로 자신을 사랑해줄 누군가를 찾고 있다. 누군가에게는 너무도 당연한 것이만 자신에게는 없다. 자신을 사랑해줄 사람이 누구일지 모르겠고, 간절히 원할수록 점점 더 멀어져가는 사랑에 대해 그는 노래한다.

그 옛날 3개의 성(性)이 있었는데,
등이 붙어 하나된 두 소년은 해님의 아이,
같은 듯 다른 모습 중 돌돌 말려 하나된 두 소녀는 땅님의 아이,
마지막 소년과 소녀 하나된 달님의 아이였어.

나는 기억해 두 개로 갈라진 후
너는 나를 보고 나는 너를 봤어.

심장이 저려오는 애절한 고통,
우리는 그것을 사랑이라고 부르지.

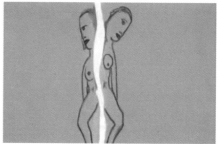

| 영화 〈헤드윅〉 스틸

우린 다시 한몸이 되기 위해 서로를 감싸.

사랑의 기원에 관한 이야기
그것이 바로 사랑의 기원

- 영화 〈헤드윅〉의 '사랑의 기원' 중

내 기억으로는 이 이야기를 고등학교 때 읽은 『소크라테스의
변명』*이라는 책에서 처음으로 접했다.

옛날 인간 본래의 모습은 오늘날 볼 수 있는 것이 아니라 그것과

---

* 플라톤 지음/석인해 옮김, 『소크라테스의 변명』, 1989, 일신서적출판사
소크라테스의 변명과 향연 두 파트로 나누어져 있는데, 이 이야기는 향연 부분에서 나온다.
기원전 416년 아가톤의 비극 작품 우승 축하를 위해 그의 집에서 열린 향연회 광경을 뒷날(기
원전 400년 무렵) 아폴로도로스가 친구들에게 이야기한 것이다.

는 다른 것이었다. 첫째로 사람의 종류는 세 가지였다. 그것은 남자, 여자 두 종류인 것과 달리 제3의 것이 더 첨가되어 있었다. 이제3의 것은 남녀 양성이 합쳐진 것으로서 그 이름은 지금도 남아 있지만 그 자체는 이미 없어지고 말았다. (…) 그래서 본래의 모습이 둘로 갈렸기 때문에 모두들 제 가끔 반신을 찾아 한 몸이 되려고 했다. (…) 서로의 사랑(에로스)은 사람들 속에 뿌리 박혀 있는 것이어서 그것은 사람을 옛적의 본연의 모습으로 결합하는 신이며, 두 개의 반신을 한 몸으로 만들어 인간 본래의 모습으로 고치려는 신이다.

– 『소크라테스의 변명』 '향연'에서 발췌

책 속의 이야기처럼 남녀는 서로를 갈망하며 하나가 되기 위해 노력한다. 이것을 '사랑(에로스)'이라고 말한다. 심리학자 융에 따르면, 남자와 여자는 모두 남성성과 여성성을 동시에 가지고 있다고 한다. 그는 남성 안의 여성성을 아니마(anima), 여성 안의 남성성을 아니무스(animus)라고 하며, 이런 여성적 측면과 남성적 측면의 균형을 이루기 위해 서로에게 끌리게 된다고 했다.* 그리고 이런 남녀가 만나서 이룬 사랑의 결실을 결혼이라고도 한다. 그러나 사랑의 결실로 이루어진 결혼을 '인생의 무덤'이라고 표현하기도 한다.

---

* 박소진 외 지음, 『비극은 그의 혀끝에서 시작됐다』, 학지사, 2012

PART 1 영화관에서 사랑을 읽다

사랑에도 능력이 필요하다

아무것도 모르는 자는 아무것도 사랑하지 못한다.

아무 일도 할 수 없는 자는 아무것도 이해하지 못한다.

아무것도 이해하지 못하는 자는 무가치하다.

그러나 이해하는 자는 또한 사랑하고 주목하고 파악한다.

– 파라켈수스

『사랑의 기술』의 저자 에리히 프롬은 사랑에 대해서 "사랑은 우연한 기회에 경험하게 되는 행운만 있으면 누구나 경험하게 되는 즐거운 감정인가? 대부분의 현대인들은 사랑을 즐거운 감정이라고 믿고 있다. 그러나 사랑에는 지식과 노력이 요구된다."라고 말한다. 또 에리히 프롬은 서문에서 이렇게 밝힌다. "독자들에게 가장 능동적으로 자신의 퍼스낼리티 전체를 발달시켜 생산적 방향으로 나가지 않는 한, 아무리 사랑하려고 노력해도 반드시 실패하기 마련이며 이웃을 사랑하는 능력이 없는 한, 또한 참된 겸손, 용기, 신념 훈련이 없는 한, 개인적인 사랑도 성공도 할 수 없다는 것을 깨우쳐 주려고 한다."

책 제목이 『사랑의 기술』이라 해서 사랑을 하는 기술, 즉 테크닉을 알려줄 거라고 기대하고 이 책을 읽는다면 반드시 실망할 수밖에 없다. 이 책은 사랑이 무엇인가에 대한 고찰을 담았을 뿐, 어디에도 '기술'에 대한 구체적인 언급은 없다. 진정한 사랑을 원한다면 노력해 그 사랑을 완성해야 한다는 의미랄까. 진부한 이야기인 것 같지만, 사랑은 거저 얻어지는 것이 아니라 노력이 필요하다는 그의 말은 옳다.

분명한 건 사랑을 할 줄 안다는 것은 능력이 필요하다는 것이다. 많은 영화에서 주인공이 성장했다는 것이 사랑에 빠진 것으로 묘사되며 마무리되지만, 우리는 자신이 가지고 있는 내적 능력만큼 사랑할 수 있다. 그렇기에 사랑이 시작되었다고 결말이 모두 아름다울 수만은 없다. 개개인의 성숙도와 능력과 노력 등에 달려 있기 때문이다. 수많은 커플들이 '왜 내가 저 인간을 만나 이 고생을 하나.' 하며 서로에 대해 불평하지만, 객관적으로 보면 그들의 심리적 분화 수준이 거의 비슷한 경우가 대부분이다. 즉 성숙하고 독립적인 사람들은 그런 사람들끼리, 의존적이고 미성숙한 사람들은 그런 사람들끼리 만나고 사랑한다. 딱 자기의 성숙도만큼, 그 수준에 맞는 사람을 만나는 것이다. 그러니까 "끼리끼리 만난다."라는 옛말은 아주 적확한 표현이라 할 수 있다.

성숙하지 못하고 건강하지 못한 사람들은 서로에게 상처만 줄 뿐 서로를 보듬어주지 못한다. 영화 〈무뢰한〉에서 형사 정재곤은 살인자인 박준길의 애인 김혜경에게 자신의 신분을 숨기고 접근한다. 범인을 잡기 위해서라면 수단과 방법을 가리지 않던 그는 겉으로는 화려하고 강해 보이는 혜경과 점점 가까워진다. 재곤은 준길에게 이용만 당하는 그녀에게 점점 연민의 정을 느끼게 되고, 혜경도 자신을 묵묵히 도와주는 재곤에게서 준길에게서 느낄 수

41

없는 감정을 느끼게 된다. 재곤도 자신과 같이 상처 많은 사람이라는 동병상련의 감정을 갖게 된 것이다.

금지된 사랑, 넘지 말아야 할 선을 넘다!

무뢰한 The Shameless, 2014
감독: 오승욱
출연:

전도연
김혜경 역

김남길
정재곤 역

박성웅
박준길 역

S#1 세 사람

형사 정재곤, 죽은 남자를 살피고 있다. 죽은 자는 말이 없이 누워있고 그의 애인이 그를 죽인 남자를 지목한다.

살인범 박준길, 유리에 비친 자신의 얼굴에 묻은 피를 닦는다. 그가 집에 들어서자 한 여자가 그를 맞이한다.

살인범 박준길의 애인 김혜경, 각선미를 드러내며 붉은 치마를 입은 한 여인이 어디론가 향한다. 재곤을 포함한 형사들이 그녀를 주시한다.

사냥개가 사냥감을 찾아가듯 형사는 범인을 찾고 범인을 잡기 위해 범인의 애인 주변을 어슬렁거리기 시작한다. 남자가 흘리지 말

아야 할 것은 눈물만이 아니고, 탐하지 말아야 할 것은 남의 아내만
은 아니었다. 절대 탐하지 말아야 할 것, 살인범의 여자다.

S#2 이끌림

분명 일 때문이었다. 형사로서 범인을 잡아야 한다는 의무. 비록 누
군가의 사주를 받고 있기는 하지만, 범인만 잡는다면 문제 될 것이
없다. 그렇게 합리화하고 있었다. 그러나 이 여자, 왠지 자꾸 끌린
다. 가장 밑바닥의 삶, 웃음과 몸을 파는 여인, 그럼에도 그녀는 누
군가를 사랑할 줄 아는 여자다. 그게 뭐든, 자꾸 그녀의 삶에 이끌리
게 되고 연민의 정을 느끼게 된다.

　"그러다 정들면 답이 없다."라는 선배의 충고에도 불구하고, 그의
마음은 멈추지 못하고 결국 넘지 말아야 할 선을 넘는다. 일과 사랑,
둘 중 무엇을 선택할 것인가?

　영화 〈무뢰한〉에는 은밀하고도 위험한 남녀의 사랑 이야기가
나온다. 텐프로의 술집 마담과 그녀의 남자(살인범)를 쫓는 형사와
의 위험한 사랑은 결국 비극적인 결말을 맺는다. 사랑인 듯 아닌
듯한 그들의 관계는 두 사람의 대화에서 다음과 같이 묘사된다.

"이 상처들 기억나요?"
"아니, 기억하기 싫어."
"더럽고 더러운 기억들… 그런 거겠죠…."

혜경이 눈물을 훔치며 울기 시작한다. 그런 그녀를 위로하듯 재곤이 그녀의 아픔을 어루만진다. 자신이 경찰인지 범죄자인지도 경계가 무너지고, 그의 마음도 흔들리고 있었다.

재곤의 몸에 새겨진 상흔들, 상처 위에 또 상처가 남고 이제는 누구에 의해서 언제 이런 상처가 생긴 것인지조차 기억나지 않는다. 상처가 상처를 덮고 고통스러운 기억들이 다시 그 고통을 대신하고 있다. 그런 그의 상처를 또 다른 누군가가 가슴 아프게 바라본다. 기억하고 싶지 않은 더럽고 더러운 기억들… 바로 자신의 가슴속에 새겨진 기억들이 떠올랐기 때문이다. 그런 그녀의 눈물이 낯설지 않아서 재곤 또한 그녀의 눈에 맺힌 눈물을 닦아주고 싶다. 그 아픔을 달래주고 싶었을지도 모른다. 그러나 이런 두 사람의 관계는 결국 비극이다.

서로가 이해하고 서로를 안다고 느꼈을 수는 있지만, 그것만으로는 충분하지 않다. 그녀는 그가 아니고 그는 그녀가 아니기에 자신의 입장에서 상대를 알고 이해한다는 것은 어디까지나 자기

생각일 뿐이다. 어쩌면 상대에 대한 연민은 자신에 대한 연민의 연장선상일 뿐이지 정확한 상대에 대한 이해는 아닐 수 있다. 어설픈 동정은 화를 부른다. 그보다는 상대의 입장에서 상대를 이해하려는 노력, 공감이 필요하다.

혜경은 외롭고 쓸쓸한 자신의 인생에 기댈 누군가가 필요했다. 자신이 이용당한다는 것을 알면서도 그렇게라도 누군가를 자신의 곁에 두고 싶었다. 그런 와중에 자신을 이해해주고 지켜주는 든든한 사람이 나타났다는 것은 그녀에게 새로운 희망을 품게 했을 것이다. 그러나 자신을 범죄자를 잡기 위한 미끼로 이용했다는 사실을 알게 된 혜경은 분노한다. "너도 똑같은 놈이구나!"라며 한때 그에 대해 가졌던 감정을 되돌린다. 그리고 자신의 앞에 나타난 그의 가슴에 칼을 꽂는다.

재곤은 한편으로 혜경에게 사과하고 싶었을지 모른다. 형사로서 어쩔 수 없는 선택이었다고, 이용하려고 한 것은 아니었다고, 내 마음은 진심이었다고 말이다. 그러나 그런 마음을 전하기도 전에 그의 가슴에 비수가 꽂힌다. 그는 결국 기회를 얻지 못하고 쓰러진다.

상처받은 자는 위험하다. 결국 누군가에게 상처만을 줄 뿐이다. 누군가를 사랑하기 위해서는 먼저 자신을 아끼고 사랑할 줄 알아야 하기 때문이다.

45

사랑을 제대로 이해하고 싶어

영화 〈무뢰한〉의 안타까운 주인공들의 이야기를 보며, 사랑이 참 어렵다고 생각하게 된다. 그렇다면 건강한 사랑을 하기 위해 우리가 해야 할 것이 무엇일까.

먼저 사랑을 이해하기 위해서는 발달심리학자 보울비의 '애착 이론'을 이해할 필요가 있다. 자식이 없는 사람은 있어도 부모 없이 태어난 사람은 없다. 우리는 부모에 의해 잉태되어 태어나고 자라면서, 특히 어머니라는 존재와 매우 깊은 유대 관계를 맺게 된다. 이것은 아이의 생존과 직결된다. 유대 관계는 자라면서 부모에서 형제, 친구, 연인, 자녀, 사회적 관계 등으로 확대되는데, 부모와의 초기 경험은 우리 일생을 통틀어 영향을 미친다.

애착(attachment)은 우리가 사람들과 상호 작용할 때 우리에게 기쁨을 주고, 힘이 들 때 친밀감으로 인해 편안하게 해주는 그런 특별한 사람들에게 갖는 강한 정서적 유대다. 생후 6개월경 영아는 자신의 요구에 반응해주는 친숙한 사람에 애착을 형성한다. 프로이트는 처음으로 엄마에 대한 영아의 정서적 유대가 이후의 모든 관계를 위한 기초를 제공한다고 했다. 보울비도 양육자에 대한 애착의 질이 신뢰 관계를 형성하기 위한 아동의 능력과 안정감에 의미 있는 영향을 미친다고 보았다.

보울비에 따르면 부모와 영아의 관계는 아기가 성인을 부르는 신호체계로부터 시작된다. 시간이 흐름에 따라 애정적 결합이 발달하게 되며, 온정적이고 민감한 보살핌뿐만 아니라 새로운 정서적·인지적 능력에 의해 지탱된다. 이러한 애착은 4단계로 발달한다고 한다.*

시간이 흐를수록 아동은 양육자에게 점점 덜 의지하게 되고, 필요에 따라 접근하고 반응할 것이라고 확신하게 된다. 아동은 부모의 부재를 안전기지로 활용하는 지속적인 애정적 유대를 만든다. 이러한 심상은 내적 작동 모델(internal working model) 또는 애착 대상의 유효성에 대한 기대, 스트레스를 받을 때 지지해준다는 가능성, 그리고 그러한 대상과 자신에 대한 상호 작용을 의미한다. 내적 작동 모델은 앞으로의 대인 관계에 대한 안내자 역할을 한다.

나이가 들어가면서 인지적·정서적·사회적 능력이 발달하고,

---

* 애착 발달의 4단계(로라 E. 버크 지음/이종숙 외 옮김, 「아동발달」, 시그마프레스, 2009)

1. 애착 전 단계(출생~6주): 잡기, 미소, 울기, 성인의 눈 응시하기 등을 통해 신생아는 타인과 접촉 유인. 이 나이의 아기들은 자기 엄마의 냄새와 목소리를 인식하고 얼굴도 인식하지만, 친숙하지 않은 성인에 대해서 거부반응이 없다. 엄마와의 애착이 형성되지 않은 상태다.

2. 애착 형성 단계(6주에서 6~8개월): 친숙한 양육자와 낯선 사람을 구분한다. 신뢰감(신호하면 양육자가 반응할것이라는 기대)을 발달시키기 시작하나 양육자에게서 떨어져도 크게 반응하지 않는다.

3. 명백한 애착 단계(6~8개월에서 18개월~2세): 친숙한 양육자에 대한 애착이 명확해지고, 이 시기에 분리불안(separation anxiety)을 보인다. 분리불안은 6~15개월 사이에 증가하는데, 이는 피아제의 대상영속성(양육자가 보이지 않더라도 양육자가 존재한다는 개념을 이해하는 것)을 습득했음을 의미한다. 타인보다 양육자의 근처에 있으려 하며 탐색을 위한 안전기지로 양육자를 이용한다.

4. 상호 호혜적 관계 형성 단계(18개월~2세 이후): 두 살이 끝날 무렵, 표상 능력과 언어 능력의 급속한 성장으로 인해 걸음마기 영아는 부모가 오가고 언제 되돌아올지를 예측함으로써 분리 저항이 사라지게 된다. 이들은 요구와 설득을 통해 양육자와 협상이 가능하다.

요구에 따라 부모 이외에 형제·친구·애인 등 다른 타인과의 관계에 대한 중요도가 점점 높아지게 된다. 따라서 지속적으로 내적 작동 모델은 재구조화되거나 수정·확장된다.[*]

그러므로 애착 형성에 문제가 있었다면 이후 성인이 되어서도 지속적으로 대인 관계, 특히 이성 관계나 부부 관계 등에서 갈등을 빚을 가능성이 크다. 어려서 제대로 된 애착 형성을 하지 못한 사람들은 어떻게 해야 할까? 절망할 필요는 없다. 애착은 인지적·정서적·사회적 능력이 발달함에 따라 변화할 수 있다. 어려서는 부모의 행동을 이해할 수 없었지만 나이가 들어 생각해보니 그 행동이 이해가 가더라면서, 나중에 대화를 통해 오해가 풀리면서 새롭게 애착이 형성되고 재구성되기도 한다. 중요한 것은 타인과 긍정적인 관계를 맺기 위해 노력하고 즐겁고 건강한 경험을 많이 하는 것이다.

---

* 로라 E. 버크 지음/이종숙 외 옮김, 『아동발달』, 시그마프레스, 2009

사랑의 이름으로
그대의 죄를 사하노라!

사랑에 관한 가장 비극적인 소나타

불멸의 연인 Immortal Beloved, 1994
감독: 버나드 로즈
출연:

게리 올드만   예로엔 크라베   조한나 터 스티지
베토벤 역   쉰들러 역   요한나 역

영화 〈불멸의 연인〉을 생각하면 사랑에 관한 한 가장 슬프고 비극적인 장면이 떠오른다.

S#1 베토벤의 소나타

안톤 쉰들러가 누군가의 연주에 심취해 있다. 베토벤의 소나타다. 그때 안으로 들어오는 한 남자가 쉰들러의 어깨를 두드리며 "이 음악이 맘에 드나? 난 들을 수가 없어서."라고 말한다. 그러고 나서 그는 이야기를 다시 시작한다.

"난 저들이 서두른다는 것을 알 수 있지… 음악은 작곡가의 생각을 반영하는 거야. 작곡가의 감정이지. 듣는 사람의 생각이나 감정은 중요하지 않아. 작곡가의 감정을 이해해야 그 음악을 이해했다고 할 수 있어"

후에 쉰들러는 그가 바로 소나타를 작곡한 베토벤임을 알게 된다.

S#2 베토벤의 죽음, 그의 영원한 연인

1827년 루드비히 반 베토벤의 사망에 온 비엔나가 슬픔에 빠져 애도의 물결이 줄을 잇는다. 그의 죽음과 함께 그의 재산을 물려받은 '영원한 연인'. 베토벤의 가족들과 그의 오랜 비서였던 안톤 쉰들러는 '영원한 연인'에 대한 의문점을 풀기 위한 조사를 시작한다. 그러나 그녀가 누구인지는 아무도 알지 못한다. 유일한 실마리는 이름 모를 여인에게 베토벤이 보낸 편지가 전부다. 쉰들러는 베토벤

| 영화 〈불멸의 연인〉 스틸
베토벤의 장례식 신

을 아는 사람들을 만나가며 그 '연인'이 누구인지를 알아내기 시작한다.

S#3 "코미디는 이제 끝났어!"

베토벤 동생의 아내인 요한나, 베토벤과 요한나는 다른 사람의 눈을 피해 사랑을 나눈다. "더 이상 이렇게 만날 순 없어." 관계가 깊어지면서 베토벤은 요한나와 도망칠 계획을 세운다. 요한나는 자신이 베토벤의 아이를 임신했음을 알린다. 두 사람은 결혼이라는 인생의 배를 같이 타고 한 방향을 보며 살 수 있으리란 희망에 부풀어 있었다. 그러나 두 사람의 인생은 그렇게 연결되지 못한다.

억수같이 내리는 비에 베토벤이 탄 마차는 제 갈 길을 가지 못한다. 기다리던 요한나는 베토벤이 나타나지 않자 자신을 배신했다고 생각하고 자리를 떠나버린다. 요한나가 떠난 후 빗속을 헤치며 약속 장소에 도착한 베토벤, 이내 요한나가 자신을 두고 떠난 사실에 광분한다. 그리고 그녀를 저주한다.

결국 베토벤의 삶 또한 불행해진다. 그는 병에 걸려 죽음에 이르러서야 요한나를 용서한다. 사실은 자신의 아들인 조카의 양육권을 요한나에게 넘기면서, 그의 작곡 노트에 '그래야만 하겠지?'라고 적는다. '그래야 해요.' 베토벤과 요한나, 두 사람의 알 수 없는 대화는 두 사람만의 가슴으로 전달된다. 그녀의 볼을 살짝 쓰다듬으며 베토벤은 말한다. "코미디는 이제 끝났어!"

| 영화 〈불멸의 연인〉 스틸
폭풍으로 약속에 늦은 베토벤(왼쪽)과 결국 떠나는 그녀 요한나(오른쪽)

S#4 그들의 비극적인 운명

'영원한 연인'은 베토벤 동생의 아내 '요한나'였다. 두 사람은 서로를 사랑했지만, 엇갈린 운명으로 인한 오해로 평생 고통받으며 살았다. 두 사람의 비극적인 이야기에 안타까움을 느낀 쉰들러는 눈물을 훔친다. 베토벤이 처음이자 마지막으로 사랑했던 그 연인, 요한나에게 베토벤이 마지막으로 남긴 편지를 전달하고 쉰들러는 유유히 떠난다. 비극적인 운명과 사랑을 뒤로하며.

영화 〈불멸의 연인〉에서 베토벤은 괴상하고 괴팍한 인물로 그려진다. 자신이 귀가 먹었음을 알리지 않고 사람들을 대하다 보니 더욱 그러한 면이 부각되었을 수도 있다. 그러나 그가 가지고 있는 기본적인 타인에 대한 믿음과 기대가 별로 긍정적이지 못했음도 그 원인일 것으로 추측된다.

사실 그의 성격이나 대인 관계 패턴은 어렸을 적 아버지와의 관계에서 간접적으로 드러난다. 베토벤을 학대하는 장면이 등장하기 때문이다. 그의 특별한 재능은 이런 기억까지도 음악으로 승화시키지만, 그의 삶은 음악만큼 아름답지 못했다. 타인에 대한 기대, 믿음이 긍정적이지 못했고, 그의 왜곡된 생각은 다시 이런 생각을 강화시켰을 뿐이다. 그의 애착과 내적 작동 모델은 건강하지 못했을 수 있다.

그가 좀 더 긍정적인 생각과 믿음이 있었더라면, 요한나가 자신을 배신하고 떠난 것이라는 생각으로 괴로워하지 않았을지도 모른다. 다시 기회를 얻거나 그녀와 어쩔 수 없이 헤어지게 되었더라도 다른 사람과 또 사랑을 할 수 있었을지 모른다. 그렇게 되었다면, 그래서 그가 좀 더 행복해졌더라면 불후의 명곡은 몇 곡 탄생하지 못했을 수 있지만, 그래도 나는 그가 좀 더 행복했었기를 늦었지만 바라본다. 다른 세상에서라도 말이다.

당신이 사랑하는 사람이 불치병이라면?

영화 〈러브 & 드럭스〉*는 신세대의 사랑을 다룬 것 같으면서도, 사실은 사랑에 대한 근본적이고도 진지한 물음을 던진다.

여자를 꼬시는 데 일가견이 있는 남자 제이미는 일회성의 사랑만을 즐기는 매기와 사랑에 빠진다. 그녀와 오래오래 함께 있고 싶은 마음에 그녀에게 구애하지만, 그녀는 그의 제안을 거절한다. 매기는 '파킨슨병'을 앓고 있는 환자로 언제 자신이 어떻게 될지 모르는 상태에서 누군가와 미래를 설계할 수 없었기 때문이다. 결국에 두 사람은 언제 자신들이 어떤 이유로 헤어질지 모르지만, 불확실한 미래보다는 현재 두 사람의 사랑을 선택한다.

영화에서 파킨슨병을 앓고 있는 부인을 둔 남편들의 모임에 참여한 제이미에게 한 남자가 말을 건넨다. "처음엔 사랑으로 모든 걸 다 극복할 수 있었다 믿었는데, 손발이 마비되고 때로는 대소변까지 받아내야 하는 현실이 사실 힘들어요. 게다가 치매까지 오면… 그렇지만 한 번 도전해보세요!" 그의 말이 정확히 무엇을 의미하는지는 모르겠다. 하지만 힘들 줄 알면서도, 그럼에도 불구하고 자신의 인생을 걸어볼 만한 것이 사랑이라는 의미로 들린다.

심리학자 스턴버그는 '사랑의 삼각 이론'을 제시하며 사랑은 친밀감, 열정, 약속·책임감의 세 요인으로 구성된다고 보았다. 친밀감은 사랑하는 관계에서 느끼는 가깝고 연결되어 있고 맺어져 있다고 느끼는 정서적인 상태를 말한다. 사랑할 때 느끼는 따뜻한

---

* 〈러브 & 드럭스〉 Love And Other Drugs, 2010

감독: 에드워드 즈윅 | 출연: 제이크 질렌할(제이미 역), 앤 해서웨이(매기 역)
바람둥이 제이미와 자유로운 삶을 살아가는 매기가 만났다. 가벼운 사랑만을 선호하는 매기에게 제이미는 점점 애정을 느끼고 그녀와 진지한 관계가 되고 싶어 한다. 그러나 매기는 제이미의 고백을 거절한다. 매기는 '파킨슨병'이라는 불치병을 앓고 있는데, 병이 심해지면 남자들이 자신을 떠나리라 생각한다. 상처받기 싫은 그녀는 진지한 관계를 거부한 것이다. 그러나 서로의 마음을 확인한 두 사람은 고민 끝에 같이 있기로 결심한다.

감정적 체험이 바로 친밀감이다. 열정은 로맨틱한 감정을 일어나게 하거나 신체적인 매력을 느끼게 하고 성적인 결합을 이루도록 하는 욕망을 말한다. 열정에서는 성적인 욕구가 중요하다. 친밀감과 달리 열정은 금방 뜨겁게 달아오르지만 얼마 지나지 않아서 식어버린다. 약속·책임감은 인지적인 속성으로 단기적으로 사랑에 대한 약속과 장기적으로 그 약속을 지키겠다는 책임감으로 이루어진다. 이 세 부분이 비슷한 크기일 때 바람직한 사랑이라 할 수 있다. 세 요소의 상대적인 크고 작음에 따라 우정 같은 사랑, 정열적인 사랑, 일생을 함께 늙어가며 이루어가는 사랑 등 사랑의 형태가 다양하게 결정된다.[*]

남녀가 사랑을 이루어가는 데는 위의 세 요소가 적절히 조화를 이루는 것이 중요하다. 자주 얼굴을 보면서 친밀감이 쌓이고 어떤 계기로 두 사람 간에 열정이 발생하고 서로가 사랑을 약속하고 그 약속을 지키려고 하는 사랑도 있을 수 있고, 첫눈에 반해서 상대에 대한 열정을 가지고 관계를 시작했다가 친밀감이 생기기도 한다. 사람들의 성향에 따라 시작과 끝은 다를 수 있다. 그러나 중요한 것은 사랑을 지켜나가려는 노력으로 인해 사랑은 오랫동안 유지될 수도 아닐 수도 있다는 것이다(물론 대부분 사람들은 사랑을 유지하기 위해 노력하지만, 그 방식이 잘못되어 있는 경우도 많다).

세상에 영원한 것이 없다는 것은 영원한 사랑도 없음을 의미한

---

[*] 김중술 지음, 「사랑의 의미」, 서울대학교출판부, 2007

다. 그럼에도 불구하고 어느 시인의 말처럼 "사랑하라, 한번도 상처받지 않은 것처럼" 묻지도 따지지도 말고 그저 사랑해야 한다. 인간은 사랑받기 위해, 사랑하기 위해 태어났다. 그것은 우리 존재 이유이며 궁극의 목적이다.

결혼은 미친 짓이다!

보이는 것이 다가 아니다?

나를 찾아줘 Gone Girl, 2014

감독: 데이빗 핀처

출연:

벤 애플렉
닉 역

로자먼드 파이크
에이미 역

S#1 네 두개골을 깨고 뇌를 꺼내 보고 싶어…

한 남자의 가슴을 베고 누워 있는 여자의 뒤통수가 보이고 남자는 여자의 머리를 가만가만 쓰다듬는다. 그런 남자의 손길이 싫지 않은 듯한 여자는 남자의 손길을 느끼며 머리를 대고 누워 있다.

닉이 읊조린다. 아내를 생각하면 항상 그 예쁜 머리가 떠오른다. 그 예쁜 머리를 박살 내고 두개골을 꺼내서 그 생각을 알아내고 싶은, 부부들 간에 궁금해할 만한 것들…

"지금 무슨 생각해?" "지금 기분이 어때?" "우리가 어떻게 이렇게 됐지?"

S#2 아내가 사라졌다

모두가 부러워하는 삶을 살아가는 완벽한 커플 닉과 에이미. 그러나 결혼 5주년 기념일 아침, 에이미가 흔적도 없이 실종된다. 실종 하루, 이틀, 그녀의 실종과 관련된 이야기들이 펼쳐지고 경찰은 에이미가 남기고 간 단서들을 통해 남편 닉을 에이미를 살해한 용의자로 의심하기 시작한다. 언론은 살인 용의자 닉의 일거수일투족을 경쟁적으로 다루면서 닉은 유명 인사가 되어버린다.

영화에서 닉과 에이미는 파티에서 우연히 만나 불같은 사랑에 빠진다. 어느 날 설탕공장 옆을 지나는 두 사람에게 설탕이 눈처럼 흩날리는 상황이 펼쳐지고, 닉은 에이미에게 다가가 입술을 훔친다. 두 사람은 그렇게 부부가 된다.

에이미는 출판사를 운영하는 부모 아래서 자라, 어려서부터 자신을 모델로 이야기들이 만들어지고 이것이 출간되면서 '어메이징 에이미' 시리즈로 유명세를 치른다. 자신의 아이를 마치 인형처럼 관찰하며 그것을 모델 삼아 이야기를 만들고, 심지어는 그 주제나 내용에 맞게 아이를 키웠다는 지점에서 심상치 않은 냄새가 풍긴다는 것을 감지했어야 했다.

영화 〈나를 찾아줘〉 스틸
"당신의 아내를 진짜 죽였
어요, 닉?"

영화 전반부에서 두 사람의 러브스토리와 지루한 결혼 생활을 보여주다, 아내 에이미의 갑작스러운 실종으로 새로운 국면을 맞는다. 실종 첫째 날, 닉은 아내의 실종이 믿기지 않을 뿐이다. 이유도 알 수가 없다. 에이미의 부모와 주변인들의 걱정과 아내의 실종 신고를 받고 찾아온 경찰들, 모두 어리둥절할 뿐이다. 닉은 경찰서에 가서 조사받는다. 아내가 주로 무엇을 하면서 시간을 보내는지, 친구가 있는지, 혈액형이 무엇인지… 등등. 그러나 그는 아내에 대해 아는 것이 별로 없다.

뭔가 할 말이 있는 듯한 동네 이웃 여자들이 경찰을 찾아오고, 그러던 중 에이미가 남긴 것으로 보이는 단서가 하나 발견된다. 실종 둘째 날 두 번째 단서가 닉의 교수실에서 발견되고, 실종 셋째 날에는 닉의 아버지 집에서 세 번째 단서가 발견된다. 이 모든 것이 닉을 범인으로 지목하고 있다. 누군가에 의해서 치밀하게 짜인 듯이 돌아가는 상황들, 이 상황은 누가 꾸민 것일까? 에이미가 실종된 건가? 아니면 닉이 그녀를 죽인 건가?

이런 의구심을 지우지 못한 채 영화를 보고 있으면, 차를 타고 어디론가로 가는 에이미가 등장한다. 그녀는 기분이 썩 나쁘지 않은 것 같다. 스스로도 "죽은 지금이 더 좋다."라고 말한다. 그녀는 왜 스스로 죽은 것으로 위장했을까?

현실은 잔혹 동화다

어렸을 때는 성인이 되면 멋진 남자가 백마 탄 왕자처럼 나타나 청혼을 하면 그의 손을 잡고 우아하게 결혼해 아주아주 행복하게 살 줄 알았다. 결혼 이후에 또 다른 험난한 여정이 펼쳐진다는 사실은 동화 어디에도 찾아볼 수 없었기에, 그런 환상을 가지는 것이 전혀 이상할 이유가 없었다. 그러나 현실은 동화의 결말과는 달리 잔혹하게도 우리를 괴롭힌다.

영화 〈몬스터 콜〉*에서 소년에게 괴물이 들려주는 세 가지 이야

---

* 〈몬스터 콜〉 A Monster Calls, 2016

감독: 후안 안토니오 바요나 | 출연: 루이스 맥더겔(코너 역), 시고니 위버
(할머니 역), 펠리시티 존스(엄마 역)

영국 맨체스터에서 사는 코너. 아버지가 이혼한 뒤 떠나고 어머니는 병에 걸려 얼마나 더 살지 알 수 없다. 심지어 가끔 방문하는 외할머니와 사이도 안 좋고 학교에서는 괴롭힘을 당한다. 그런 코너에게 꿈인지 실제인지 모를 나무 괴물이 나타난다. 나무괴물은 세 가지 동화를 들려줄 테니 코너의 이야기를 해달라고 한다. 코너는 나무괴물과 이야기를 나누기 시작한다.

기에 이런 내용이 있다. 자신의 성공을 위해 사랑하는 여인을 죽이고 왕이 된 왕자의 이야기다. 이야기를 듣고 소년은 말한다. "그건 나쁜 거잖아, 왕자는 나쁜 사람인데 어떻게 잘살 수 있어?" 그러자 괴물이 말한다. "인간은 선하지만도 악하지만도 않은 존재야." 그러나 소년은 그 괴물의 말을 이해하지 못한다.

슬프지만, 인간이 선과 악의 사이 어느 지점에 존재한다는 것을 인식하고 이해해가는 과정이 어른이 되어 과정이다. 가끔 성인이 된 후에도 싸우지 말라며 "싸우는 것은 나쁜 거잖아!"라는 식으로 말하는 사람들을 만나게 된다. 이런 사람들과 친하게 지내지는 마라. 이런 사람들을 '나이브(naive)하다'라고 표현할 수 있는데, 이들은 순진하고 순박한 사람들이고 세상을 단순히 선과 악이라는 이분법적 잣대, 단순 논리로만 이해한다. 자신을 좋게 보이려고 사소한 실수나 잘못조차도 인정하지 않는 미성숙한 사람들일 수 있다. 따라서 작은 실수에도 당신을 비난할지 모른다. 불가피하게 누군가와 싸우거나 욕을 할 수도 있는데, "너는 욕을 했으니 나

| 영화 〈나를 찾아줘〉 스틸

뿐 인간이야."라고 말이다.

현실은 동화처럼 아름답지 않다. '저 사람이 없으면 내 인생은 아무것도 아니야. 그(녀)가 없으면 난 못 살 것 같아.' 이렇게 운명이 시작되지만, 그 '운명'은 곧 '저주'가 된다. 없으면 못 사는 것이 아니라 '그 인간하고 같이 있으면 죽을 것' 같은 아이러니에 곧 봉착하게 된다. 거의 예외 없이 모든 부부가 이런 권태로움과 갈등을 겪는다는 사실은 놀라운 일도 아니다. 우리나라의 이혼율도 30~40%에 육박한다는 통계치만 보더라도 불행한 생활을 하는 부부들이 많음을 알 수 있다.

에이미는 점점 결혼 생활에 염증을 느끼고 있었다. 서로 우린 너무 잘 어울린다고 생각했는데, 남편은 실직당하고, 시어머니까지 병이 들어 원치 않게 시어머니가 있는 곳으로 이사를 해야만 했고, 백수 남편을 위해 '바'를 운영하도록 돈도 준다. 그런데 남편은 평소에는 자신을 거들떠보지도 않다가 무언가 필요할 때만 자신을 이용하는 것 같다. 더욱 참을 수 없는 것은 남편이 다른 여자를 만나고 있다는 것이었다. 에이미는 복수를 다짐한다. 여기까지는 지금까지 다른 영화와 다를 바가 없다.

에이미는 남편이 자신을 죽인 것으로 위장하기 위해 치밀한 시나리오를 쓰기 시작한다. 그녀는 하버드대를 나온 재원이고 작가 출신이며, 그녀의 부모는 그녀를 대상으로 책을 출판한 사람들이다. 오랜 세월 연출된 삶을 살아온 그녀에게 이런 상황이 낯설지 않다.

S#3 자신의 죽음을 설계하라!

에이미는 주변인들을 공략한다. 그녀가 '멍청'하다고 여기던 동네 이웃 여자들을 집 안으로 끌어들여 자신이 매우 불우한 결혼 생활을 하고 있고 폭력과 학대에 시달리고 있다고 꾸민다. 동정을 끌어내기 위해 임신한 여성의 소변을 구해 자신이 임신한 것처럼 꾸미기까지 한다. 남편이 자신을 죽였을 것처럼 일부러 피를 뽑아 주방 바닥에 뿌린 뒤 닦아내고, 망치에는 피를 묻히고 창고에 숨겨둔다. 그녀의 계획은 치밀하고 완벽했다.

그러나 예상치 못한 일이 생긴다. 도주하던 중 TV에서 그녀의 얼굴을 보고 알아본 누군가에 의해 강도를 당한 것이다. 어쩔 수 없이 계획을 변경한다. 그녀는 이전에 자신을 스토커처럼 쫓아다녔던 갑부 남자 친구를 찾아가 도움을 요청한다. 그리고 자신의 이득을 위해 그를 철저히 이용한다. 자신이 그에게 납치당하고 강간당했으며, 어쩔 수 없이 그를 죽였다는 것이다.

에이미가 무사히 돌아왔지만, 남편 닉은 이 상황이 석연치 않다. 이미 그녀가 사이코라는 사실을 알게 되었지만, 이제 와서 그녀를 거부할 수도 없다. 게다가 에이미는 임신까지 하며 그를 잡는다.

결혼은 미친 짓이 맞다

닉은 책임 때문인지 뭔지, 에이미를 떠나지 못한다. 닉의 쌍둥이 여동생이 "어떻게 저런 미친 사이코하고 같이 살 수 있어?"라며 헤어지기를 종용하지만, 그는 그녀를 선택한다. 세간의 스포트라이트를 받는 그녀와 자신을 위해 이 사건의 전말을 알고서도 침묵하기로 한 것이다. 그렇게 진실은 무덤 속에 묻히고 두 사람은 공범이 된다.

이 정도면 정말 미친 결혼 스토리라고 할 만하다. 이런 엽기적인 삶이 가능하겠는가 싶지만, 생각해보면 결혼은 한 남자와 한 여자가 만나 가정을 이루고 한배를 탄 공동운명체가 되는 것이다. 그렇기 때문에 좋은 일이 있든 힘든 일이 있든 서로 힘을 합쳐 노를 저어 가야 함은 분명하다. 한배에 타고 가는 한, 사이가 좋건 나쁘건 때론 공범 아닌 공범이 되어야 할지도 모른다.

2020년 영국 드라마를 리메이크한 〈부부의 세계〉가 사람들의 주목을 받았다. 바람난 남편에게 복수하는 아내라는 뻔한 스토리는 막장으로 치달으면서도 긴장감을 늦추지 않으며 시청자의 심장을 쫄깃하게 만들었다. 그중 김희애의 맛깔나는 연기가 백미 중백미였지만, '부부의 세계'라는 알 듯 모를 듯한 관계에 대해 생각하게 만드는 계기가 되기도 했다.

불륜 드라마의 새로운 지평?

부부의 세계 2020
연출: 모완일 | 극본: 주현
원작: BBC 드라마 〈Doctor Foster〉
출연:

김희애　　　　박해준　　　　한소희
지선우 역　　　이태오 역　　　여다경 역

S#1 완벽해 보였던 부부의 세계

주인공 지선우는 남편 이태오와 사랑스러운 아들 이준영(전진서 분)과 완벽한 삶을 살아간다. 주변의 다른 사람들의 부러움을 한 몸에 받으며. 그러나 남편의 외도 사실을 알게 된 후 이 모든 것이 자신의 착각임을 알게 된다. 남편의 외도 사실을 알고도 침묵했던 친구와 주변인들에게 또 다른 배신감과 충격에 휩싸인다.

〈부부의 세계〉는 〈닥터 포스터(Doctor Foster)〉라는 영국 드라

| 드라마 〈부부의 세계〉 스틸
완벽해 보이는 지선우 세계의 붕괴

마를 한국판으로 각색한 드라마다. 부부간의 미묘한 갈등이나 외도, 자녀 문제 등은 우리나 그들이나 별반 차이가 없어 보인다. 그러나 이 드라마에서 주목할 부분은 따로 있다. 주인공 부부와 그들을 둘러싼 인물들 간의 복잡하면서도 역동적인 상호 관계가 바로 그것이다.

대개 우리나라 드라마는 주인공 위주로 스토리가 전개된다. 이는 〈부부의 세계〉도 마찬가지다. 그럼에도 불구하고 드라마에 나오는 주변인들은 주인공을 보좌하는 역할 이상의 역동성을 보여줌으로써 드라마에 활력을 불어넣는다.

"도대체 왜, 무엇 때문에?" 남편의 외도 사실을 알게 되자 화목한 가정이 산산조각 나고 그녀의 세계는 붕괴되는 듯하다. 이는 자기중심적으로 세상을 바라본 탓이기도 하다. 주변인들의 침묵은 결국 그들 중심의 세계와 맞닿아 있다. 그들도 그 나름의 세계를 지키기 위한 선택일 뿐이었다. 나의 일이 아닌 일에 굳이 끼어들 필요도 없고 완벽해 보이는 누군가의 침몰을 바라보는 재미 또한 쏠쏠했을지 모른다. 그 이유가 남편의 친구의 부인의 대사에서 드러난다.

그냥… 조용히 살 수는 없는 거야?

바람피운 친구의 부인(지선우)을 유혹해 하룻밤의 유희를 즐기고 이틀 안 이태오에게 처절하게 복수를 당하며 때늦은 후회를 하는 친구, 지선우의 자리를 호시탐탐 노리는 병원 동료 의사 친구, 지선우가 힘들 때마다 나타나 도와주는 정신과 의사… 그러나 그 행위가 선의인지 어떤 목적인지조차 가늠키 어려워진다. 이에 더해 그녀를 위협하는 남편 등 단순한 불륜에서 스릴러까지 장르를 넘나들면서 기존의 불륜 드라마의 공식을 뛰어넘는다. 각각의 인물들은 모두 자신의 이익을 위해 움직이기에 예측 불허인 데다 다이내믹하게 스토리가 전개되기에 이 드라마를 보기 시작하면 빨려들 수밖에 없다.

그리고 한 남자를 두고 삼각관계를 이어가는 두 여자의 심리전도 만만치 않다. 20대의 젊은 나이에 자신보다 훨씬 나이 많은 남자에게 자신의 인생을 건 여다경의 심리 또한 들여다볼 만하다. 부잣집 공주님으로 이태오보다 더 잘난 남자를 만나 마음고생 없이 살 것같이 보이는 그녀가 굳이 나이 많고 비전도 없는 남자를 선택한 이유는 무엇일까?

여다경은 생각 없이 화려함만을 쫓는 철없는 엄마와 자신의 이익을 위해서라면 수단과 방법을 가지지 않는 아버지 사이에서 자랐다. 물질적으로 풍족했을지 모르지만 정서적으로 공허한 삶을 살았을 가능성이 있다. 이런 이유로 잘나고 독립적인 남자보다 못났지만 자신을 필요로 하는 남자에게 마음이 끌렸을 수 있다. 엄마로부터 받지 못한 애정을 남편과 아이를 통해 얻고자 했을 수도 있다.

부부 세계의 비극

〈부부의 세계〉는 남편의 배신에 자신의 아이를 죽였다는 끔찍한 이야기인 그리스 신화 '메데이아'에서 모티브를 가져왔다고 한다.

이 이야기를 듣고 테레우스의 비극이 떠올랐다. 테레우스는 처제를 성폭행하고 뻔뻔하게 아내에게 돌아간다. 이러한 사실을 알게 된 아내 프로크네는 복수를 준비한다. 사랑하는 아들 이티스를 희생양으로 삼은 것이다. 그녀는 테레우스에게 맛있는 음식을 차려주고, 다 먹은 뒤 아들을 찾는 테레우스에게 지금 맛있게 먹은 그 고기가 바로 아들이었음을 알린다. 이로써 프로크네의 복수는 테레우스의 일생을 통해 구현될 것이다. 그러나 아들을 제물로 바침으로써 스스로도 그 굴레에서 벗어나지 못한다.

어떻게 이런 일이… 그저 신화 속의 이야기로 치부할 것만은 아

| 루벤스, 〈테레우스에게 이티스의 머리를 보여주는 자매들〉

니다. 신화는 우리의 원초적 본능과 연결되어 있기 때문이다.

현실 세계의 부부 사이에서도 이런 상황들이 재현된다. 드라마 〈부부의 세계〉에서는 남편의 외도를 안 아내(지선우)가 복수를 결심하고 자신의 삶에서 남편을 분리해버린다. 자기 잘못으로 버림받은 것이지만, 미처 눈치채지 못한 채 완벽하게 분리되고 제거되어버린 남편은 분노한다. 아내는 아들을 위한 것이라 자위하지만, 정작 아들은 자신의 의도와 상관없이 아버지와 생이별하게 되어 가슴속에 상처를 안고 살아가게 된다. 아버지가 그립지만 그립다고 말조차 할 수 없고 자신에게 집착하는 엄마가 부담스럽다.

부부 문제가 흔히 자녀 문제로 이어지면서 아이들이 최대의 피해자가 되는 경우가 심심치 않게 발견된다. 그러니 부부 싸움은 '칼로 물 베기'가 아니라 '상처뿐인 영광'이라고 해야 할 것이다. 복

| 드라마 〈부부의 세계〉 스틸

수는 결국 스스로를 향하는 양날의 검이기 때문이다.

　드라마에서도 두 사람은 끝까지 결말 없는 상황으로 치닫는 것
처럼 보인다. 그러나 결정적인 순간, 이태오가 차에 치이려는 순
간에 지선우가 그에게 달려가는 장면에서 극적인 반전을 보여준
다. 한때 사랑했던, 그리고 삶의 동지였던 그 존재인 남편에게 달
려갔던 것이다. 이를 목격한 아들은 부모의 관계에 염증을 느끼
고 가출해버린다. 그들을 연결해주었던 유일한 끈마저 사라져버
렸지만, 그들은 희망을 잃지 않고 아들을 기다린다는 내용으로 드
라마는 끝을 맺는다. 굳이 아이의 가출로 끝을 맺었어야 했는지에
대해서는 의문을 품게 되지만, 부부의 인연이라는 것이 참으로 얄
궂다 하지 않을 수 없다.

아는 것이 힘이다

영화 〈지금 사랑하는 사람과 살고 있습니까?〉*에서는 두 커플의 엇갈린 사랑을 다루고 있다. 비슷한 나이와 집안, 외모, 학벌 등 서로에게 가장 잘 어울린다고 생각하며 결혼해 사는 두 커플이 있다. 가난하지만 알콩달콩 친구처럼 사는 유나와 민재, 부족할 것 없이 모든 걸 다 갖추었지만 서로 관계가 소원한 커플 영준과 소여가 우연히 한자리에 모였다. 각자의 삶에 염증을 느낄 즈음에 새로운 사랑이 그들 앞에 나타난다. 각자는 배우자의 눈을 피해 사실상 외도를 한다. 마음 한편이 불편하지만, 이대로 삶을 살아가기엔 아직은 젊기에 외도가 이어진다. 두 커플 모두 결혼한 지 5~6년 정도 지나 권태기가 올 즈음인데, 아직 아이가 없다. 그들을 끈끈하게 연결해줄 연결고리가 없기 때문인지 점점 위험한 관계가 지속된다.

---

* 〈지금 사랑하는 사람과 살고 있습니까?〉 Love Now, 2007

감독: 정윤수 | 출연: 엄정화(유나 역), 박용우(민재 역), 이동건(영준 역), 한채영(소여 역)
부유하지는 않지만 알콩달콩 친구 같은 커플 유나와 민재, 젊고 부자라는 남들이 부러워할 만한 조건을 가진 커플 영준과 소여. 두 커플이 우연히 철주의 개업식에서 만나게 된다. 설렘 없이 살아가던 어느 날, 민재와 소여는 홍콩에서, 유나와 영준은 일 때문에 만나게 되고 서로에게 없는 무언가에 끌린다. 네 남녀의 금지된 사랑이 시작되고 죄책감과 질투가 엇갈리면서 갈등하게 된다.

71
•

| 영화 〈지금 사랑하는 사람과
살고 있습니까?〉 스틸

소여는 어느 날 서재에서 일하고 있는 영준에게 다가가 이렇게
묻는다.

"당신한테 나 여자예요?"
"와이프지…"

결혼은 법이라는 제도로 묶인 환상이 아닌 현실이라고 사람들
이 말한다. 그래서 좋든 싫든 참고 견디고 버티면 된다고들 한다.
그렇게 훌쩍 20~30년이 흘러버리면, 그제야 진정한 부부애를 느
낄 수 있다고 한다. 실제로 수십 년 이상을 친구처럼 잘 지내는 커
플을 보면 대단하다는 생각이 들고 존경스럽기까지 하다.

성숙되지도 준비되지도 않은 채 그냥 맨땅에 헤딩하듯 결혼해
맞춰가면 된다고 하기에는 인생은 너무 길고 삶은 복잡다단하다.
그리고 이미 상처받을 대로 받아 너덜너덜해진 다음 그 상처를 보
듬는 것도 너무 힘들다. 그럼 어떻게 해야 할까?

먼저 자신의 미해결된 문제부터 살펴볼 필요가 있다. 원가족과의 문제, 자신이 처한 현실, 앞으로 살아갈 미래, 배우자에 대한 이해, 서로 원하는 것과 상대가 싫어하는 것, 타협할 것과 수용할 것 등에 대해 고민할 필요가 있다. 자신과 상대방에 대해서 아는 만큼 신뢰와 정이 돈독해진다. 서로를 잘 알지 못하기 때문에 이해하지 못하고 이해받지 못한다고 생각하는 것이다.

그런 의미에서 한번 잘 생각해보시길. 당신은 사랑하는 사람과 살고 있는지, 사랑하는 사람에 대해서 당신은 얼마나 잘 알고 있는지에 대해서 말이다.

가족의 이름으로…

또 다른 가족의 이야기

영화관에서
가족을 읽다

가족의 이름으로…

신성한 사슴 죽이기

킬링 디어 The Killing of a Sacred Deer, 2017

감독: 요르고스 란티모스

출연:

콜린 파렐
스티븐 역

니콜 키드먼
머피 역

배리 케오간
마틴 역

S#1 두 남자의 은밀한 만남

인적이 드문 어느 곳, 중년의 남자(스티븐)가 20대 초반쯤으로 보이는 남성(마틴)과 이야기를 나누고 있다. 그는 선물이라면서 젊은 남성에게 고가의 시계를 선물한다. 방수까지 잘되는 시계라고 설명하자 젊은 남성이 감사를 표하며 그를 포옹한다. 두 사람의 관계가 슬쩍 의심스러워 보인다.

| 영화 〈킬링 디어〉 스틸

중년의 남성은 잘나가는 외과 의사다. 미모의 부인과 두 아이를 둔, 누가 봐도 부족함이 없어 보인다. 마틴은 그가 집도하던 수술 중 사망한 환자의 아들이다. 이런 사실을 아는지 모르는지 마틴은 스티븐의 호의를 기꺼이 받아들인다. 초대에 응해 스티븐의 집에 방문하고 스티븐의 부인과 그 딸에게까지 호감을 얻기에 이른다.

S#2 누굴 선택해야 할까

스티븐에게 감사를 표하던 마틴은 답례로 스티븐을 자신의 집으로 초대한다. 그리고 마틴은 집에 스티븐과 자신의 어머니만 남겨두고 자리를 뜬다. 그 틈을 타 마틴의 엄마는 스티븐을 유혹한다. 그 상황을 뿌리치고 마틴의 집을 나섰지만, 이후로도 마틴은 집요하게 스티븐을 찾는다.

얼마 후 스티븐의 아이들이 하나씩 쓰러진다. 원인 불명의 사지 마비 증세와 거식증 증세가 나타나면서 스티븐은 혼란에 빠진다. 그

즈음 자신을 찾아와 건넨 마틴의 말이 그를 더욱 불안하게 만든다.

"당신이 우리 아버지를 죽였으니 당신의 가족 중 누군가가 죽는 것이 공평하겠죠. 당신의 아이들이 먼저 사지가 마비되고 거식증 증세가 나타나고 종국에는 눈에서 피를 흘리며 죽을 거예요. 당신이 둘 중 하나를 선택해서 죽이지 않으면 모두 죽어요!"

그리고 마틴의 말대로 아이들은 걷지도 먹지도 못하는 상태가 된다.

〈킬링 디어〉의 원제는 'The killing of a scared deer'다. 'scared'는 '두려운'이라는 뜻이지만, 여기서는 '신성한' 정도로 번역하는 것이 맞을 듯하다. 그래서 제목을 '신성한 사슴 죽이기'라고 번역할 수 있다. 왜 이런 타이들을 달았는지를 이해하기 위해서는 그리스 로마 시대의 '트로이 전쟁'으로 거슬러 올라가야 한다.

트로이 목마와 아르테미스 여신의 사슴

트로이 전쟁은 아름다운 스파르타 왕비를 꾀어간 트로이아 왕자 파리스와 그 조국을 응징하기 위한 전쟁이다. 트로이아를 치기 위해 편성된 총사령관은 미케네 왕 아가멤논이다. 그는 2년에 걸쳐 그리스 각지의 군사를 아울리스항에 집결시키고 출범할 날을 기다렸으나 바람이 불지 않았고 돌림병마저 돌았다. 아가멤논은 점

| 베르톨레 플레말, 〈이피게네이아의 희생〉

쟁이 칼카스를 불러 점을 쳤다. 칼카스는 아가멤논이 얼마 전 죽인 사슴이 실은 아르테미스 여신에게 바쳐진 사슴이라 여신의 분노를 샀다고 알렸다. 여신의 분노를 풀기 위해서는 처녀를 제물로 바쳐야 하며, 제물은 사슴을 죽인 장본인의 딸이어야 한다는 것이었다.

고민 끝에 아가멤논은 세 딸 중의 하나인 이피게네이아를 바치기로 한다. 이피게니아는 자신의 끔찍한 운명을 전혀 눈치채지 못하고, 아킬레우스와 혼인을 시키기 위해 아버지가 자신을 부른다는 이야기를 듣고 아울리스로 오게 된다.*

이 영화는 복수에 초점이 맞추어져 있지 않다. 이야기를 따라

가다 보면 어느 순간 초자연적인 현상에 의해 벌어지는 스토리에 당황하게 될 것이다. 처음에는 나도 이 이야기가 단순 복수극인 줄 알았는데 그게 아니어서 당황했던 기억이 있다.

아가멤논이 여신의 사슴을 죽인 대가로 자신의 딸 중 하나를 선택해야 했듯이, 스티븐도 자신의 자식 둘 중 하나를 죽여야 하는 기로에 놓였다. 아가멤논이 여신의 사슴을 죽인 것과 그 대가로 딸을 희생양으로 삼는 것, 스티븐이 실수로 환자를 죽게 한 대가로 자식 중 하나를 죽여야 하는 것이 공평하다고 할 수 있는가? 너무 부조리한 것 아닌가?

복수는 이야기의 시작에 불과했고, 영화는 가족 내에서 일어날 수 있는 가장 참혹한 이야기를 다루고 있다. 즉 아비가 자신의 손으로 자식을 죽여야만 하는 끔찍하고 무서운 스토리였다.

왜 영화의 모티브를 신화에서 가져왔을까

"지금까지의 연구에 따르면 신화는 과학적 관심을 채워주는 설명이 아니라 원초적 현실을 이야기로 재현해서 깊은 종교적 욕구와 도덕적 갈망을 채워준다."

– 브로니스와프 말리노프스키(영국 인류학자)

---

* 이윤기 지음, 『이윤기의 그리스 로마 신화 2』, 웅진지식하우스, 2002

사실 현대 심리학은 신화가 무너지면서 탄생하고 확산되었다. 즉 신화를 세상에 존재하지 않는 허구로 받아들여서는 곤란하다. 신화가 갖는 메타포(은유)는 우리가 겉으로 드러내기 어려운 그 이면의 어두운 그림자와도 같다.* 따라서 이 영화가 우리에게 시사하는 것은 실제로 존재하지만 겉으로 드러내기 불편한 진실에 관한 이야기다.

과학이 존재하지 않았던 시절에 가뭄이 들거나 전염병으로 사람이 죽어가면 그 원인을 밝혀내지 못했기 때문에 나름의 설명이나 해석이 필요했다. 그래서 사람들은 신적인 존재가 있어서 인간의 잘못을 단죄하는 것이라 믿었을 수 있다. 누군가를 희생양으로 만들어 바치면 그 분노를 잠재울 수 있으리라 생각했을 수 있다. 대부분의 재물이 힘없는 동물이나 어린아이 또는 젊은 여성이었다는 것만 봐도 사람들에게는 어떤 문제가 생겼을 때 그 원인, 즉 탓을 누군가에게 돌리고 그 대상을 제거함으로써 안도감을 느끼고자 했던 인간의 이기심을 엿볼 수 있다.

그러나 실질적으로 그런 행위는 문제 해결에는 아무런 도움이 되지 않는다. 바람이 불지 않거나 병사들이 전염병으로 죽어간 이유가 사슴을 죽였기 때문이 아닌 것처럼, 스티븐의 아이들이 죽어가는 것도 마틴의 저주 때문이 아니라 우연의 일치였을 뿐이다. 그러나 결국 스티븐은 중대 결심을 한다.

---

* 롤로 메이 지음/신장근 옮김, 「신화를 찾는 인간」, 문예출판사, 2015

| 영화 〈킬링 디어〉 스틸
　스티븐은 결국 선택을 하게 된다.

　가족 내 역동을 들여다보면 이런 경우가 심심치 않게 발견된다. 가장 힘없고 약한 존재가 주로 그 대상이 된다. 가정의 평화 또는 가족의 붕괴를 막기 위한 구실로 누군가를 희생양으로 만드는 것이다.

　영화 〈킬링 디어〉에서도 이런 점을 지적하는 듯하다. 늦은 밤 침실에서 스티븐의 아내 머피가 한 말은 충격적이다. "우린 아직 젊으니까 아이는 또 낳을 수 있어!" 또한 자신의 동생에게 "네가 죽으면 네 물건 내가 써도 돼?"라고 묻는 누나의 말도 의미심장하다. 그리고는 아버지에게 자신을 죽일 수 있는 건 아버지뿐이라며 눈물로 호소한다.

　아이들의 학교를 찾아가 학교 선생님으로부터 자신의 아이들에 대해 이야기를 듣는 스티븐. 그리고 선택은 끝났다.

　아들의 눈에서 피가 흐르자 스티븐은 가족들을 거실로 모이게

83

한 후 모두 얼굴을 가리고 자신의 눈도 가린 채 총을 들고 돌기 시작한다. 총성이 울리고 누군가 총에 맞기 전까지 그의 행위를 반복된다. 몇 번의 실패 끝에 결국 누군가가 총에 맞았다. 바로 그의 아들. 자신을 보호할 아무런 힘도 방법도 없는 무력한 아이가 희생된 것이다. 그들은 아이를 희생한 대가로 살아남는다. 그리고 이렇게 말하고 있는 듯하다. "어쩔 수 없는 선택이었어!"라고.

그러나 영화는 되묻는다. "과연 그것이 최선이었을까?"*

가족, 그리고 가족의 명암

가족은 부부를 중심으로 한 친족 관계에 있는 사람들의 집단 또는 그 구성원을 말하며, 혼인·혈연·입양 등으로 이루어진다. 자기가 자라온 가족을 원가족(family of origin)이라고 하는데, 부모·형제·자매가 원가족이라고 할 수 있다. 결혼을 통해 생성된 가족은 생식가족 또는 형성가족이라고 하며 배우자나 자녀가 이에 속한다.

가족은 사회적 집단의 가장 작은 단위이며 인간 삶의 원천으로, 그 중요성에 대해 굳이 강조할 필요가 없을 만큼 중요하다. 인간은 태어나면서부터 가족의 일원이 되며 그 안에서 보호받고 최초

---

* 박소진 지음, 『영화로 이해하는 아동·청소년 심리상담』, 박영스토리, 2019

의 인간관계를 맺고 성장한다. 이때의 인간관계는 이익을 추구하지 않고 애정을 기초로 한다.

그런데 이런 가족의 이면에는 명암이 존재한다. 가장 가깝고 사랑하는 대상이면서 서로에게 가장 큰 상처를 주고받기도 하고, 그로 인해 평생 고통을 받고 살아가기도 한다. 특히 원가족의 문제가 해결되지 않는다면 성인이 된 이후에도 대인 관계에서 어려움을 겪거나 타인에게 고통을 주기도 한다. 또 결혼한 이후에 배우자나 자녀에게 이런 문제들이 고스란히 대물림된다.

너의 엄마로 살아간다는 것

케빈에 대하여 We Need to Talk About Kevin, 2011
감독: 린 램지
출연:

틸다 스윈튼
에바 역

에즈라 밀러
케빈 역

S#1 준비되지 않은 임신

케빈의 엄마 에바는 잘나가는 커리어 우먼으로 자유롭게 살아가는 여성이었다. 그러던 어느 날 프랭클린(존 C. 라일리 분)이라는 남자를 만나 사랑에 빠지면서 케빈을 임신하게 된다. 프랭클린은 말도 없이 사라졌다 나타난 에바에게 다시는 사라지지 않기를 당부한다. 그는 그녀를 임신시켜서라도 자신의 곁에 두고 싶었는지도 모른다. 그날 밤 이후로 에바의 삶은 완전히 뒤바뀐다.

자유롭게만 살던 에바는 엄마가 될 마음의 준비가 되어 있지 않았다. 임신했다는 소식에 남편 프랭클린은 "우리가 해냈어(We did it)!"라며 기뻐하지만, 에바는 그렇지 않다. 변해버린 자신의 외모, 꿈꿔왔던 삶과 다른 일상에 그녀는 점점 지쳐간다. 아이를 낳은 후 망연자실하게 병실 침대에 앉아 있는 그녀의 모습이 마치 "내 인생은 끝이야!"라고 절규하고 있는 것 같았다.

S#2 우울한 에바

끊임없이 울어대는 아이 때문에 에바는 정신을 차릴 수 없다. 아이를 달래보지만, 달랠수록 아이는 더 심하게 울어댄다. 멍한 표정으로 그녀가 서 있는 곳은 바로 공사장. 이렇게라도 아이의 울음소리에서 벗어나고픈 그녀의 심정이 느껴진다. 임신했을 때부터 에바는 이 아이를 원치 않았음을 온몸으로 보여준다. 그저 엄마로 책임을 다해야 한다는 최소한의 의지만 있을 뿐, 그녀에게서 케빈에 대한 사랑을 찾아볼 수가 없다.

처음에 이 영화를 볼 때는 밀려오는 잠을 참기가 어려웠다. 과거와 현재의 시점이 복잡미묘하게 오버랩되면서 줄거리도 한 번에 이해되지 않았고, 건조한 듯 무덤덤한 극의 전개가 무겁고 지

| 영화 〈케빈에 대하여〉 스틸

루하게 느껴졌다. 그렇게 잠에 취한 듯 몽롱한 상태에서 영화를 보고 내린 결론은 그저 '품행장애아'이거나 '정신적으로 문제가 있는 아이'에 관한 영화라는 것이었다. 그러나 다시 심기일전해 영화를 보고 나서 생각이 달라졌다. 이건 왜곡된 모자 관계에 대한 영화였다.

대부분의 문제가 어려서 부모와의 관계에서 비롯된다. 특히 엄마의 영향력은 막강하다. 이건 엄마가 된 여성들에겐 천형(天刑)과도 같은 것이다. 모든 엄마는 자식에 대해 그녀들이 갖는 엄청난 무게를 견뎌야 한다. 영화 〈케빈에 대하여〉의 원제는 'We need to talk about Kevin(우리는 케빈과 이야기할 필요가 있다)'이다. 제목만큼 영화는 의미심장하다. '왜' 케빈의 이야기를 들어봐야 할까? 케빈은 타고난 문제아, 아니면 소시오패스 성향으로 태어난 '악마'일 뿐일까?

앞에서 말했듯이 사랑하는 능력과 대인 관계의 질을 결정하는 건, 생후 1년 안에 이루어지는 '애착'의 질과 관련이 있다. 애착은 유아가 태어나서 주양육자와 갖는 신체적·심리적 유대감이고 이 애착이 잘 형성되면, 즉 안정적인 애착이 형성되면 아이는 성인이 되어서도 자신과 타인에 대한 긍정적인 상을 갖게 된다. 이를 토대로 긍정적인 대인 관계를 형성할 가능성도 크다. 그러나 불안정한 애착을 형성하게 되면 반대로 자신과 타인에 대해 부정적인 상을 형성하고 대인 관계에서도 어려움을 겪을 수도 있다.

케빈과 에바에 대하여…

케빈은 기질적으로 까다롭고 어느 정도는 폭력적이고 반사회적인 성향을 가지고 태어났을 수 있다. 그런 성향이 환경과 맞물리면서 더 증폭되고 고착되었을 가능성이 높다. 케빈의 상태는 그의 나이를 고려해 반사회성 인격장애(antisocial personality, 18세이상일 경우 해당)가 아닌 품행장애(conduct disorder)*로 봐야 할 것같다.

케빈은 강렬하게 엄마의 사랑을 원했다. 그러나 에바는 케빈이

---

* 품행장애는 지나친 공격성, 타인을 해치는 행위, 자기 물건이나 남의 물건을 파괴하는 행동, 사기와 도둑질, 규칙들을 빈번히 어기는 것 등을 특징으로 한다. 중요한 특징은 공격성과 타인의 권리를 침해하는 것, 규칙을 지키지 않는 것으로 정의할 수 있다.

| 영화 〈케빈에 대하여〉 스틸

신생아였을 때부터 울어도 반응을 거의 보이지 않았고, 아이가 아플 때나 엄마가 필요할 때 곁에 있어 주지 않았다. 그녀는 케빈이 그저 버거울 뿐이었다. 둘 사이에는 좁혀지지 않는 간극이 존재한다. 심지어 오랜만에 아들을 보러 간 엄마의 얼굴에 아들에 대해 걱정스러움도 별반 느껴지지 않는다.

무기력하고 우울한 엄마는 아이에게 민감하게 반응해줄 수 없다. 실제로 아이에게 가장 좋지 않은 것 중 하나는 엄마가 우울한 것이다. 원치 않는 임신으로 인해 우울해하고, 그래서 그때 적절한 사랑을 주거나 양육을 해줄 수 없었다고 후회하는 엄마들을 종종 볼 수 있다. 그러나 후회나 자책이 아이에게 도움이 되는 건 아니다. 이로 인해 일관성 없는 양육을 하게 되는 것이 더 문제다.

부모도 사람이기 때문에 우울할 수 있고 실수할 수 있다. 자신이 잘못했다고 느낄 때부터라도 변하면 된다. 그러나 에바는 케빈을 키우면서 번번이 그 기회를 놓치고 만다.

훌륭한 엄마는 선생님처럼 지식을 가르치는 존재가 아니라 먼저 사랑으로 수용해주고 아이가 필요한 것을 제공해주는 존재이어야 한다. 아이를 향해 웃어주고 안아주고 보듬어주고 민감하게 반응하고 작은 것이라도 기뻐하며 아이와 정서적·신체적으로 교감하는 것이 우선이다.

그러나 아이에 대한 애정도 양육 기술도 없는 에바는 그저 아이에게 "엄마라고 불러봐." "공 좀 굴려봐." 등 지시적이고 교육적인 태도만 취한다. 그래서인지 케빈은 네 살이 되도록 말을 하지 않는다. 뭔가 문제가 있나 하고 병원을 가봐도 아무런 문제가 없다고 한다. 에바는 '자폐증'을 의심하지만, 케빈이 보였던 장애는 아마도 '반응성 애착장애(reactive attachment disorder)'*일 가능성이 높다.

어렸을 때부터 케빈은 거의 웃지 않는다. 케빈이 사고를 저지른 후 수감된 케빈에게 에바가 묻는다.

"표정이 왜 그래? 기분이 안 좋니?"

그러자 케빈이 대답한다.

"언제는 좋았나?"

---

* 반응성 애착장애란 애착 형성의 실패로 인해 사회적 관계 형성에 심각한 문제를 일으키는 장애다. 애착은 주양육자와 갖는 정서적 유대감을 의미하며, 아동 발달에 큰 영향을 미친다. 반응성 애착장애 아동의 경우 신체적·지적·정서적인 발달이 지체될 수 있다.

| 영화 〈케빈에 대하여〉 스틸
대소변을 가리지 않는 케빈 때문에 화가 난 에바

영화 속에서 에바는 케빈이 무엇을 원하는지 궁금해하지 않는
다. 그저 숫자 공부를 시키는 데 열중이다. 케빈은 반항의 수단으
로 똥을 싼다. 배변을 충분히 가릴 수 있는 나이와 지능을 가졌고
충분히 대소변을 가릴 수 있음에도 그 기대 수준과 달리 아이가
엄마 앞에서 똥을 싼다는 것은 반항과 분노의 의미일 수 있고, 그
런데도 자신을 받아들여 줄 수 있는지에 관한 확인이기도 하다.
그러나 에바는 분을 참지 못하고 케빈을 던져버리고 케빈의 팔이
부러진다.

대개 경험이 없는 부모나 선생님들이 이런 실수를 자주 저지른
다. 아이가 반항하는 것을 자신의 권위에 도전하는 것으로 받아들
이고 그들의 행동을 응징하려고만 한다. '일부러 나를 힘들게 하
려고' 또는 '나를 무시해'라는 생각이 깔려 있어 분노가 일어나는
것이다. 그러나 아이들의 반항에는 여러 가지 이유가 있을 수 있
다. 충분한 지식과 경험이 없는 경우 스스로에 대한 확신과 자신

감이 없고 이로 인해 당혹스러움을 아이에게 투사하며 극단적인
방식으로 처벌하려 드는 것이다.

엇갈리는 에바와 케빈

에바는 자신의 실수로 아이가 다친 것에 심한 죄책감을 느낀다.
그러나 그녀는 아이를 달래고 사과하는 것조차 서툴다. 케빈이 자
신을 거부하는 태도를 보이자 곧바로 돌아서 나와버린다. 아이는
한 번 더 엄마가 자신에게 와주기를 바랐으나, 엄마는 자신의 무
능함을 들킨 것 같아 이를 감추고자 돌아서버린 것이다. 둘의 엇
갈림은 이런 식으로 서로에게 상처만 줄 뿐이다.

사고 직전, 에바는 용기를 내어 케빈에게 저녁 식사와 공연을
보러 가자고 제안한다. 그러나 당일 비가 오는 바람에 에바의 옷
이 젖어버리고 에바는 다시 집에 들어와 옷을 갈아입고 나온다.
그런데 그사이 케빈은 음식을 게걸스럽게 먹고 있다. 그런 케빈의
모습에 에바는 실망하며 화를 낸다. 그러나 케빈은 자신보다는 옷
에 더 신경을 쓰는 엄마가 못마땅한 것이었다. 이런 식으로 그녀
에게 자신의 생각을 표현한 것을 둔한 에바는 알지 못한다.

엄마에 대한 케빈의 분노는 빵에 잼을 발라 식탁에 엎어버리거
나, 시리얼을 손으로 부셔뜨린다거나, 빵에 잼을 바르고 손으로
꾹꾹 눌러 넘치게 하는 등의 행동으로 간접적으로 표현된다. 그리

고 자신에게 보여주지 않던 사랑을 자신의 여동생에게 보여주는 엄마에 대해 극도의 분노를 느낀다. 결국 동생과 아버지를 죽이고 자신에게 사랑을 주지 않은, 죽이고 싶도록 미운 엄마에 대해 마지막 복수를 감행한다(사랑하는 사람에게 사랑받지 못하는 것에 대한 원망과 분노는 상상을 뛰어넘는다. 케빈의 분노, 즉 엄마로부터 사랑받지 못한 것에 대한 복수는 케빈의 전 인생을 통해 초점화된다. 17년 동안 케빈은 어떻게 하면 엄마를 화나고 고통스럽게 만들 것인가에만 집중하고, 결국에는 그것을 감행하기로 한다).

케빈은 학교에서 대량 학살을 벌일 계획을 세우고 이를 실행한다. 아이러니하게도 케빈은 어렸을 적 처음으로 엄마 품에서 읽었던 『로빈 후드』라는 동화책을 늘 책장 위에 올려두고 있다. 그리고 로빈 후드처럼 활쏘기에 열중한다. 그렇게 엄마의 관심을 받고 싶었던 것이다. 그러나 에바는 그런 케빈의 심중을 전혀 이해하지 못한다. 엄마에게 인정받지 못하고 욕구가 좌절되자 결국 케빈은 무고한 사람을 학살하기로 결심한다. 그 화살은 무고한 학생들과 선생님들의 가슴에 꽂힌다.

갈등을 두려워하지 말자

케빈의 사건 이후 모든 삶과 시간은 멈추어버렸다. 에바는 어두운 밤 침대에 누워 생각한다. 무엇 때문에 이렇게 된 것일까. 어디서

| 영화 〈케빈에 대하여〉 스틸
"그때는 안다고 생각했는데,
지금은 모르겠어요."

부터 잘못된 것일까.

케빈의 복수는 에바의 삶을 바닥으로 추락시키는 데 성공했다. 케빈이 아버지와 동생을 모두 죽였기에 에바는 이 고통을 홀로 감내해야만 한다. 그래도 에바에게 모성이 남았는지 케빈이 죽인 두 사람의 시신을 조용히 수습한 후 모든 슬픔과 죄를 자신의 의식 속에 묻는다. 에바는 유가족들에게 고소를 당하고 전 재산을 잃고 직장에서도 쫓겨나고 근근이 생계를 유지한다. 가끔은 사람들로부터 욕설과 폭행을 당하기도 하지만 그들에게 대항하지 않고 묵묵히 견디어 낸다.

S#3 에바, 엄마로 다시 태어나다!

에바는 수감된 아들을 찾아간다. 엄마를 본 케빈은 자신의 손톱을 물어뜯어 책상 위에 가지런히 놓는다. 두 사람 간의 대화는 잠시 단절된다. 16년간을 같이 살아왔건만, 어색하고 불편함이 그대로 묻어나는 순간이다. 한참 후 에바가 케빈에게 묻는다.

"왜, 그랬니?"

그러자 케빈이 말한다.

"그때는 안다고 생각했는데, 지금은 모르겠어요…."

처음으로 두 사람의 진정성 있는 뜨거운 포옹이 이루어진다. 서로 마음을 나누었을까? 에바는 케빈을 남겨두고 그곳을 나온다. 어디부터 잘못이었는지 모르겠지만, 자신에게서 비롯된 죄를 용서받기 위해, 세상 속으로 다시 발을 내디딘다.

'조금만 더 일찍 알았더라면, 조금만 빨리 이 아이를 수용해주었더라면…' 에바는 그렇게 후회하고 있을지 모른다. 미리 이런 문제들에 대해 심각하게 고민하고 적절하게 개입했다면 에바와 케빈의 비극은 예방할 수 있었을 것이다. 에바와 케빈은 서로에 대해서 알지 못했고 언제나 물과 기름처럼 관계가 겉돌았다. 갈등을 원치 않는 에바는 스스로도 애정 어린 양육을 받지 못하고 자랐을지 모른다. 그래서 아이가 울고 떼를 써도 적절히 반응하지 못했고, 아이에게 깊숙이 개입하기를 두려워했을 수 있다.

그러나 갈등은 서로를 알아가고 그 경계를 분명히 하는 데 필요하다. 갈등 없이는 결코 정보를 알지 못한다. 아이들이 부모에게 도전하고 반항하는 것은 어디까지 나를 받아줄 것인가를 확인하는 과정이기도 하다. 절대로 타협할 수 없는 선이 존재한다는 것을 보여주되, 불필요한 것까지 금지할 필요는 없고 일관성을 유지하는 것이 중요하다. 넘어선 안 되는 선을 경험한 아이들은 그 선을 넘으려 하지 않을 것이며 그 한계 안에서 오히려 편안함을 느낀다. 해서는 안 되는 일 또는 타협할 수 없는 일, 예를 들어 아플 때 약을 안 먹는다든지 하는 위험을 초래할 수 있는 일과 관련해서는 불분명한 태도를 보이다가 아이가 입는 옷 색이라든지, 스타일이라든지 지엽적인 것을 가지고 다투는 경우를 종종 본다. 잘못된 양육 태도라고 할 수 있다.

친밀하다는 것은 상대의 어디까지를 건드리지 않으면 안 되는 것을 아는 것이다. 이걸 모르면 우리는 늘 상대에 대해 불안을 느낄 수밖에 없다. 따라서 부모 자녀 관계이든 친구 관계이든 연인 관계이든 부부 관계이든 이 경계를 명확히 알아야 한다. 또 그 과정에서 발생하는 갈등을 두려워하지 말아야 한다.

또 다른 가족의 이야기

영화 〈기생충〉 가상의 현실

기생충 PARASITE, 2019
감독: 봉준호
출연:

송강호
기택 역

이선균
동익 역

조여정
연교 역

S#1 반지하의 기택 집

터지지 않는 와이파이 때문에 문자 연락을 받지 못하자 휴대전화를 이리저리 들고 다니며 어떻게든 연결을 시도해보려는 기우(최우식 분)와 기정(박소담 분)의 표정이 해맑다. 이런저런 사정도 상관없이 무기력하게 늘어져 있는 기택을 발로 툭툭 치며 어떻게 할 거냐고 다그치는 충숙(장혜진 분).

97

잠시 후 온 가족이 모여 박스를 접고 받은 돈으로 맥주 한잔하고 있는데 누군가가 찾아온다. 기우의 친구 민혁(박서준 분)이다. 기택의 집과는 어울리지 않는 민혁의 방문은 여러 가지 측면에서 특이하다. 그리고 민혁이 선물로 들고 온 돌덩어리.

S#2 기택 집 근처 편의점

기우가 맥주를 사 들고 나오고 민혁은 담배를 피고 있다. 그러다가 문득 기우에게 자신이 하는 고액 과외를 1년간 대신해줄 것을 제안한다. 대학도 나오지 않은 3수생 기우에게 과외라니… 기우는 "왜 하필 나에게?"라고 묻는다. 민혁은 사실은 지금 과외를 하는 여고생에게 마음이 있고 어학연수 후 다시 돌아오면 프러포즈를 할 생각인데, 그동안만 잘 맡아달라는 것이었다. 민혁의 말에 따르면 귀여운 딸, 그리고 '영앤심플(Young and Simple)'한 사모님이 기우를 기다리고 있다.

"아들아, 넌 계획이 다 있구나!" 기택은 고액 과외를 하기 위해 위조한 졸업장을 들고 집을 나서는 아들 기우를 보며 놀라듯이 말을 던진다.

"아버지, 전 이게 범죄나 위조라고 생각하지 않아요. 전 내년에 이 대학 꼭 갈 거거든요."

S#3 동익 집 근처 골목

담벼락이 높은 집들이 있는 골목 어디쯤. 기우가 어리둥절한 표정으로 집을 찾고 있다. 민혁의 부탁으로 과외 대타를 하기 위해서 기우는 찾아온 집의 초인종을 누른다. 기우를 맞이하는 집사 문광(이정은 분)에게 인사하고 문광은 기우를 집 안으로 안내한다. 그리고 민혁의 말대로 영앤심플한 사모님 연교가 정원 의자에 앉아 졸고 있다. 연교를 깨우는 문광. 기우는 화들짝 놀라는 사모님을 따라 집 안으로, 그리고 귀여운 딸의 방으로 진입하는 데 성공한다.

새로운 장르를 개척해낸 〈기생충〉

갓 스물이 넘어 자취를 시작했다. 처음 그 집에 들어갔을 때가 지금도 생생하게 떠오른다. 1층 현관을 열고 들어서니 어두침침한 실내와 습하고 퀴퀴한 냄새가 맞이한다. 경사로 인해서 입구는 지상에 있고 방은 반지하였던 집이었다. 날림으로 지은 집이라 구석구석 곰팡이들과 벌레들에게 점령되어 있었다. 밤이면 창을 통해 들어오는 헤드라이트 불빛. 머리 위로 차들이 지나칠 때마다 놀라 자다 깨기를 반복했던 날들. 이 기억을 떠올리게 한 영화가 바로 〈기생충〉이다.

시간이 지나면서 많은 것들에 익숙해져도 익숙해지지 않았던 것 중 하나는 반지하의 습습한 냄새였다. 영화 〈기생충〉은 이런 지하의 냄새를 소환했다. 시각 이미지를 통해 마치 냄새가 나는 듯한 착각을 불러일으키는 데 어느 정도 성공한 셈이다.

영화 평론가 이동진은 '냄새'를 '계급'이라 규정했지만, 우리나라만의 독특한 가옥 구조 중 하나였던 반지하는 가난한 자취생들이 처음으로 서울로 상경했을 때 흔히 거치는, 일종의 통과의례와도 같은 것이었다. 최근에는 반지하 방들이 많이 사라지고 건물의 지하는 대개 주차장이나 로비 등으로 활용되고 있다.

햇빛이 들지 않는 반지하 집에 살면서 우울과 무기력과 싸워야만 했다. 생각해보면 20대라는 젊음이 없었다면 버틸 수 없던 순간이었다. 지금도 그때를 생각하면 지하 특유의 냄새가 나는 듯하다. 그런데 그 기억을 소환한 영화 〈기생충〉의 반지하 집은 진짜 같은 세트장이었다고 한다. 그러니까 완벽하게 재현된 세트장에서 연기자들이 연기한 것이었다.

| 영화 〈기생충〉 스틸
영화 속 기택의 반지하 집

영화 속 허구와 리얼리티

영화를 보는 관객들은 사실이 아닌 것을 사실로 가정하고 자신을 그 상황에 몰입시킨다. 그러나 나는 당연히 영화 속 장소들이 세트일 수 있음에도 왠지 배신감이 들었다. 너무 진짜 같아서 가짜에 속았다는 느낌이 들었을 수도 있었지만, 뭔가 진정성이 없다는 느낌을 계속 받은 것이다. 그런데 반지하라는 가옥 구조가 타 문화권에서는 특별하게 받아들여진 모양이다. 이런 세트장조차 다른 문화권 사람들이 관심을 보였다는 점이 흥미롭다.

배우들은 또 어떤가. 송강호는 이미 너무 유명한 배우고, 최우식이나 박소담은 반지하 방에 사는 게 어울리지 않은 외모의 소유자들이다. 마치 잠시 기아 체험을 하러 온 듯한 느낌이랄까. 한국의 특수성을 경험한 많은 사람들은 이런 설정이 별로 특별하지 않다. 어떤 경우는 이런 가난한 삶이 불러일으키는 찜찜한 과거의 기억이 소환되는 불쾌함까지 동시에 경험할 수 있다. 그러나 그런 경험이 없는 사람들은 그저 특이하고 한번 경험해보고 싶은 어떤 것으로 생각될지도 모르겠다. 마치 오지에서 평생 살라고 하면 싫어도 한 번쯤 가보고 싶다는 욕구처럼 말이다.

타인의 삶 훔쳐보기

인간에게는 타인의 삶을 들여다보고 싶어 하는 일종의 관음증적 욕구가 있다. 최근에 유행하는 리얼리티를 표방하는 TV쇼에서는 연예인들의 일상을 촬영하기도 하고, 유튜버와 같은 매체에서는 평범한 사람들이 자신의 생활 일부를 촬영해 공유하기도 한다. 관음증은 변태성욕의 일종으로 타인의 성행위를 몰래 지켜보는 것을 통해 욕구를 충족하는 병적인 행위인데, 통상적으로 우리가 말하는 관음증적 욕구와는 구별할 필요가 있다. 타인을 관찰하고 자신과 비교함으로써 실제 경험하지 않은 많은 것들을 간접적으로 경험할 수 있기에 이런 욕구를 모두 병적인 것으로 치부해서는 안 된다.

영화는 이런 욕구를 상당 부분 충족해준다고 생각된다. 그런 면에서 잘 짜인, 그리고 아주 세밀하게 진짜처럼 만들어진 세트장에서 펼쳐지는 영화 〈기생충〉의 이야기는 그런 경험이 없는 사람들에게는 매우 흥미로운 이야기였을 수 있다는 것이다.

집은 그 집에 사는 구성원의 삶을 지배한다. 햇빛이 들지 않는 집에서는 해가 중천에 떠도 어둡기에 밤인 줄 알고 늦도록 잠에 취해 있기 쉽다. 늦게 일어나니 몸도 뻐근하고 습하고 위생적이지 못한 환경은 신체 건강뿐 아니라 정신 건강도 위협한다. 실제로 반지하에 살면서 가위에 수시로 눌렸던 기억이 난다. 밤에는 늦도록 잠들지 못했고 아침에는 일어나지 못하는 악순환이 반복되었다. 20대라는 특성과 맞물리면서 아찔하도록 아름다운 그 시절이, 그래서 때로는 더 아프게 다가온다.

각기 다른 세상처럼 보이는 두 가족과 그들의 집은 지구라는 하나로 연결된 장소로 연결되어 있고, 지하는 건물을 받치는 나무의 뿌리와 같은 존재다. 영화는 결국은 '공존'과 '상생'이라는 화두를 던졌다고 생각한다.

하나 되지 못하는 두 세계의 접촉

내가 봉준호라는 이름을 처음 접한 것은 〈플란다스의 개〉*라는 영화에서였다. 실제 붕어가 들어가지 않는 붕어빵처럼 플란다스의 개가 등장하지 않는 영화는 평론가들에게 호평을 받았지만 대중의 관심은 얻지 못했다. 봉준호 감독도 인터뷰를 통해 영화가 상영되는 날 영화를 보고 '이건 영화가 아니다!'라고 느꼈다며 소회를 털어놓기도 했지만, 개인적으로 나는 그의 이런 실험적인 작품이 더 재미있다. 다소 우울할 수 있는 이야기를 기발한 전개로 익살스럽고 해학적으로 표현한 봉준호 감독 특유의 작품 세계를 보여주었다고 생각한다.

사라진 강아지를 찾기 위해 찾아 들어온 아파트 경비실 아저씨의 휴식 공간인 지하실은 영화 곳곳에 등장한다. 정체불명의 냄비에서 끓고 있는 것이 혹시 사라진 강아지가 아닐까? 순간 잽싸게 낚아채 열어본 냄비에 든 것은 백숙의 재료인 닭고기다. 스릴러에서 순간 코미디로 변하는 장면에서 숨소리도 못 내고 방바닥을 뒹굴며 웃었던 기억이 봉준호 감독에 대한 첫 기억이다. 그리고 그의 시나리오를 보면서 그가 만든 영화가 탄탄한 실력과 기발한 상상력에서 비롯된다는 것을 알았다.

영화 〈기생충〉에도 지하가 등장한다. 지하에서 생활하는 경비원 아저씨(변희봉 분)와 지하창고에 몰래 잠입해 살고 있는 노숙자는, 〈기생충〉의 기태와 지하실에 몰래 숨어들어 살고 있는 문광의

---

* 〈플란다스의 개〉 Barking Dogs Never Bite, 2000

감독: 봉준호 | 출연: 배두나(박현남 역), 이성재(고윤주 역)

조용한 아파트에 사는 시간강사 고윤주는 개소리에 예민해져 소리의 진원지를 찾으려 한다. 진원지를 못 찾아 추리닝을 입고 집으로 들어오던 중 옆집 문 앞에 서 있는 강아지를 발견한다. 윤주는 개를 납치해 지하실에 가둬버린다. 한편 아파트 경비실 경리 직원 박현남은 꼬마에게 개를 찾는 전단지를 받아 온 동네에 붙인다. 술을 한잔하고 들어오던 윤주는 다시 개소리가 들리자 달려 나간다. 지하실의 강아지가 사라지고 신경질적인 개소리의 주인이 아래층에 사는 할머니의 강아지임을 알게 된다. 점점 늘어가는 강아지 실종사건. 현남은 옥상에 올라가다 건너편 옥상에 한 사내가 개를 죽이는 것을 목격하고 사내를 뒤쫓는다.

| 봉준호 감독 영화의 지하실
영화 〈플란다스의 개〉(왼쪽)와 〈기생충〉(오른쪽)의 스틸

남편에 의해 재현되고 있는 것처럼 보인다.

그 외 봉준호 감독의 다른 작품들에 나오는 장면들도 오버랩된다. 영화 〈괴물〉에서는 사라진 아이를 찾기 위해 오랜만에 모인 가족들이 서로 발차기를 하며 싸우다가 엉켜서 우는 장면도 상당히 인상적이었다. 그의 영화에는 이런 인간의 희로애락이 기묘하게 섞여 있다. 〈기생충〉이 전 세계적으로 인기를 끌었던 이유도 아마도 이런 복잡 미묘한 감정이 자연스럽게 섞이면서도 한편으로 어이없는 웃음으로 이어지는 유머 코드 덕분이라고 생각한다.

영화 〈기생충〉을 보고 나서의 느낌은 한마디로 말하면 "뭐지?"였다. 영화에 대한 다양한 해석들이 있었지만, 개운치 않았다. 그런데 〈기생충〉 프랑스판 포스터 한 장이 한방에 그 의문을 날려 버렸다.

〈기생충〉에는 두 집(가족)이 존재한다. 가난으로 상징되는 반지하 집과 높은 담벼락과 넓은 정원을 가진 부자의 집. 집은 곧 세계

PART 2 영화관에서 가족을 읽다

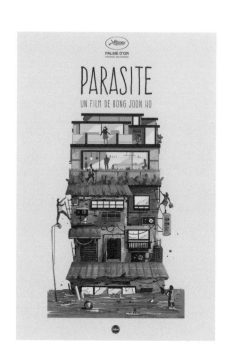

| 영화 〈기생충〉 프랑스판 포스터

다. 빛과 그림자처럼 두 세계를 정확하게 가르는 것처럼 보인다. 두 세계는 절대 하나가 될 수 없는 세계로 존재하다가 어느 날 두 세계가 만나게 된다. 그리고 집의 또 다른 공간인 지하에 살고 있는 집사 문광의 남편까지 치면 세계의 세상이 존재하는 것이다.

존재하고 있지만 존재의 유무를 알 수 없는 것, 제목 '기생충'이 암시하듯 문광의 남편은 존재가 드러나지 않고 있다가 다른 존재에 의해 발각된다. 기생충은 사람이나 동물의 몸을 숙주 삼아 기생하는 벌레로 숙주에게는 백해무익할뿐더러 해를 입히는 존재다. 특단의 조처를 하지 않으면 기생충이 몸을 망가뜨릴지도 모른다. 그런데 약을 잘못 쓴 것일까. 몸의 주인은 침입자들에 의해 죽임을 당한다.

그렇다면 진짜 주인이 누구인지 생각해볼 필요가 있다. 지구라는 공간이 누구의 것이 아니라 잠시 빌려 쓰다 가는 것이라면, 이 집은 잠시 누구의 소유였을 뿐 누구의 것도 아니다.

두 세계는 '냄새'를 통해서도 표현되는데, 그것이 결국 살인에 이르게 된다. 서로가 서로의 존재를 인정하고 공존하지 않는 한 하나의 세계가 다른 하나의 세계를 침범하고 공격하는 비극은 또 다시 반복될 수밖에 없다.

넷플릭스에서 전 세계적으로 주목을 받았던 〈오징어 게임〉*을 본 한 누리꾼이 단 댓글을 보았다. "많은 사람들이 서로 경쟁하지 않고 협력해 더 좋은 결과를 낼 수는 없었을까." 그러나 이는 〈오징어 게임〉을 정확히 이해하지 못한 발언이라고 생각한다. 〈오징어 게임〉은 출발부터가 협력이 아닌 경쟁을 통해 살아남는 것이 규칙이다. 456명 중에서 살아남는 1인이 모든 혜택을 받는 것이 이 게임의 규칙이었던 것이다. 우리가 모두 행복해지려면 그 규

---

* 〈오징어 게임〉 Squid Game, 2021

감독/각본: 황동혁 | 출연: 이정재(성기훈 역), 박해수(조상우 역), 오영수(오일남 역), 정호연(강새벽 역)
돈이 없는 성기훈은 어머니 카드에서 돈을 훔쳐 딸의 생일 선물을 사려고 하지만 경마 도박을 하다 소매치기로 돈을 도난당한다. 돈이 없는 그에게 정체불명의 조직이 접근해 새로 돈을 벌 기회를 준다. 456번으로 참가한 그는 상금을 차지하기 위해 고군분투한다.

칙을 바꿔야 한다. 살아남기 위해서 누군가를 죽여야 한다면, 언젠가 자신도 희생될 수 있으며 홀로 살아남는다 한들 기쁘지 않을 것이다. 우리는 이 지구상에서 함께 살아가야 할 운명공동체인 지구인이기 때문이다.

"봉준호의 영화는 장르를 차용해서 시작했다가 이를 배신하며 끝난다."

– 이동준(영화 평론가)

봉준호라는 걸출한 인물이 한국적인 가치와 정서를 토착화함으로써 새로운 영화 장르를 개척했다. 우리는 그저 그 영화를 기꺼이 즐기면 되는 것이다.

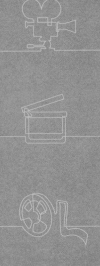

넌 건드리면 안 되는 걸 건드렸어!

폭력의 두 얼굴

동조와 복종의 패러다임

영화관에서
폭력을 읽다

넌 건드리면 안 되는 걸 건드렸어!

폭력에 대해 이해하기

액션 영화는 남녀노소를 불문하고 인기 있는 장르 중 하나다. 가볍게 보기에 이만한 것도 없다. 예를 들어 영웅 시리즈는 여전히 전 세계적인 인기를 끌고 있다. 마블 시리즈 중 영화 〈이터널스〉는 마동석이 출연해 화제가 되기도 했다. 마동석이라는 독특한 캐릭터는 할리우드에서도 먹히는 모양이다. 그의 액션 특유의 '싸대기 날리기'가 영화에서도 등장하는데 우리나라 사람들에게는 익숙한 느낌이다.

　마동석은 액션물에서 독보적인 캐릭터를 완성했다고 생각한다. 처음에는 다소 무섭고 서늘한 느낌이었는데, 여기에 순진하고 투박한 정서에 정의롭기도 하고 귀엽기까지 한 캐릭터가 더해졌다. 그는 많은 작품에서 조폭 두목에서 형사 등 다양한 역할을 하지만 내용과 상관없이 그만의 캐릭터로 같은 작품인 듯한 착각을

불러일으킨다.

그의 장점은 뭐니 뭐니 해도 친근감이라고 생각한다. 마동석의 캐릭터는 흔하지 않지만 우리 주변에서 접할 가능성이 있다는 점에서 매력이 있다. 마치 자신의 이상형인 연예인이 있다고 해도 그(녀)를 만날 가능성이 거의 없기에 근접한 곳에 접촉 가능한 누군가가 자신의 애인이나 배우자가 되는 것처럼.

그러나 이런 액션 영화는 가끔 지나친 폭력성이나 선정적인 측면이 있기에 이를 간과하기 어려운 면들이 있는 것도 사실이다. 스트레스 해소용으로 보기에 과연 괜찮은 것일까?

폭력의 사전적 정의는 '남을 거칠고 사납게 제압할 때 쓰는, 물리적인 수단이나 힘'이다. 폭력을 이해하기 위해서는 '인간의 공격성'에 대해 이해할 필요가 있을 것 같다. 공격(aggression)이란 다른 사람을 해칠 목적으로 하는 행동이다. 보통 자신의 목숨이 위협받을 때, 제한된 자원을 획득하기 위해, 짜증을 유발하는 원천을 제거하기 위해, 자존심을 지키기 위해 일어난다.*

현실 세계에서는 공격 행위는 엄격히 금지된다. 심지어 이유 없이 타인으로부터 위해를 당해도 그 즉시 상대방에게 주먹을 날리는 행위는 매우 위험하다. 억울하지만 합법적인 방식으로 문제를 해결해야 한다. 그렇지 않으면 피해를 당하고 법적인 처분까지 받을 수 있기 때문이다. 이런 이유로 우리의 공격성은 수면 아래로 억제되고, 생활하면서 쌓이는 스트레스를 발산할 기회는 사라진다.

공격성 자체는 근본적으로 우리를 지키고 방어하기 위한 기제임으로 나쁘다고 할 수는 없다. 하지만 억제되었다가 자신도 모르게 그 본능이 드러나게 되면 문제가 될 수 있다. 그렇다면 이런 욕구를 어떻게 사회적으로 적절히 잘 발산할 것인가가 중요하다. 스스로 이런 욕구가 있음을 인지하는 것부터가 중요한데, 액션 영화가 왠지 보고 싶을 때 '혹시 스트레스가 쌓여서 그런 건 아닌가?' 의심해볼 필요가 있다.

---

* 욕구 좌절-공격 이론에 따르면 사람은 자신이 성취하고자 하는 목표의 달성이 좌절되거나 목표 도달이 차단되었을 때, 욕구 좌절을 일으키게 만든 대상을 향해 공격 행동을 하게 된다고 한다. 충동적 공격은 다른 사람이 자신에게 분노, 고통, 짜증과 같은 불편한 심기를 불러일으키게 할 때 그 사람에 대한 공격 행동을 하게 한다. 고통이나 짜증의 유발 인자를 제거하기 위한 반응이라는 것이다. 또한 집단 내에서의 자신의 주도성이나 지위를 유지하거나 체면을 유지하기 위해 이를 위협하는 대상을 공격하기도 한다.

정당방위는 어디까지?

존 윅 John Wick, 2014
감독: 데이비드 레이치, 채드 스타헬스키
출연:

키아누 리브스
존 윅 역

S#1 전설이 된 사나이 존 윅

존 윅은 한 여인과 사랑에 빠지면서 킬러의 삶을 정리하고 평범한 삶을 살기로 결심한다. 그러나 꿈 같던 행복은 길지 않았다. 부인이 병으로 세상을 떠나면서 삶의 의미를 잃고 슬픔 속에 하루하루를 버텨 나간다. 그러던 어느 날 그에 앞에 한 마리의 강아지가 배달된다. 부인이 죽기 전에 자신을 그리워할 존 윅을 위해 보낸 선물이었다.

S#2 잠자던 분노가 깨어나다!

존 윅과 강아지가 점점 서로를 의지하게 되던 어느 날, 주유소에서 자신의 차를 팔라는 한 남자를 만난다. 협박 같은 그의 제안을 거절한 대가는 사랑하는 여인이 유일하게 남긴 강아지의 죽음으로 이어진다. 땅속 깊숙이 묻어둔 총기들을 꺼내는 그의 뒷모습. 분노가 저 아래 심연 속에서 잠자던 그의 킬러의 본능을 일깨운다. 감히 나의 사랑하는 강아지를 죽인 놈들을 찾아 복수해주마!

| 영화 〈존 윅〉 스틸
사랑하는 여인이 남긴 강아
지. 존 윅이 킬러로 돌아오
게 되는 계기가 된다.

　영화 〈존 윅〉의 주인공 존 윅은 전설의 킬러다. 은퇴했지만 그가 총을 든 순간 그를 아는 많은 사람이 두려움에 떤다. 그가 '존 윅'이기 때문이다. 이 영화는 무차별적으로 사람을 죽이는 그가 영웅처럼 보이는 이상한 아이러니를 선사한다. 누가 악인인가? 그런 건 중요하지 않다. 자신의 개를 죽인 인간들이 받는 대가는 처참하다. 이 일과 관련된 모든 사람이 존 윅에 의해 죽임을 당한다.

　단지 '그 개 하나 때문에…?'라고 생각하면 오산이다. 동물과 인간의 교감은 매우 오래전부터 이어졌다. 특히 강아지와 인간의 교감은 수많은 전설적인 이야기들을 남기며 지금도 이어져 오고 있다(영화 〈개들의 섬〉에서도 어린 소년과 개의 우정을 그린 이야기가 등장한다). 그러나 존 윅의 강아지는 그 이상의 의미를 지닌다. 그가 가장 사랑했던 여인이 남긴 유일한 존재를 잃은 것이다.

　세 편의 시리즈가 나온 〈존 윅〉은 매력적인 키아누 리브스의 액션을 감상할 기회를 제공한다. 그러면서 한편으로 영화가 보여주는 폭력성에 이상하리만치 매료된다. 강아지의 죽음에서 시작된

| 영화 〈존 윅〉 스틸

복수는 수도 없이 달려드는 적들을 죽이고 또 죽이는 서바이벌 게임을 보는 듯하다. 싸움이 왜 시작되었는지는 어느 시점부터 중요하지 않아진 것이다.

우리가 액션물이라는 장르를 볼 때 느끼는 통쾌함은 실은 정당방위라는 미명하에 잠재된 공격성을 간접적으로 해소해주기 때문이다. 누군가와 갈등 상황일 때, 마음속에 불만이 스멀스멀 올라올 때, 누군가를 때려주고 싶을 때 통렬한 액션 장면은 이런 갈증을 한 방에 날려준다.

영화 속 주인공은 자신의 개를 죽인 범인을 찾아 그와 그 일당을 모두 소탕해버린다. 그가 쏜 총을 맞고 죽은 사람이 몇 명인지 셀 수조차 없지만, 우리는 영화에서만큼은 안전하게 그 상황을 즐긴다. 그러나 어디까지나 영화 속 설정일 뿐 실제 상황에서 정당방위 또한 엄격하게 제한된다.

정당방위란 자기 또는 남에게 가해지는 급박하고 부당한 침해

118

를 막기 위해 침해자에게 어쩔 수 없이 취하는 가해 행위를 말한다. 긴급행위의 일종이다. 형법 제21조 제1항은 정당방위에 관해서 "자기 또는 타인의 법익에 대한 현재의 부당한 침해를 방위하기 위한 행위는 상당한 이유가 있는 때에는 벌하지 아니한다."라고 규정하고 있다. 이는 자기 보호의 원리로 타인의 부당한 침해로부터 사인이 스스로 법익을 보호하는 것을 허용하는 원리다.

이는 인간의 자위 본능에 기초한 정당방위의 개인적·권리적 근거다. 따라서 정당방위는 개인의 법익을 보호하기 위해 허용될 뿐이며, 국가적·사회적 법익의 보호하기 위한 정당방위는 원칙적으로 허용되지 않는다.* 즉 개인이 스스로를 보호하기 위한 최소한의 자구책으로서 인정되는 부분은 매우 엄격하게 제한된다. 그럼에도 불구하고 자신에게 소중한 무엇인가를 누군가가 빼앗으려 한다면, 우리의 본능은 이렇게 말할 것이다. 절대 그것을 빼앗겨서는 안 된다고.

---

* 신호진 지음, 『2021 Master 형법총론 기본서』, 문형사, 2021

119

PART 3 영화관에서 폭력을 읽다

멈출 수 없는 두 남자의 추격

다만 악에서 구하소서 DELIVER US FROM EVIL, 2020

감독: 홍원찬

출연:

황정민
인남 역

이정재
레이 역

박정민
유이 역

S#1 인남 "내가 꼭 구해줄게!"

일본에서 마지막 청부 살인을 끝낸 인남에게 살인 청부 의뢰자의 연락이 온다. "마지막으로 하나만 더 하자." 그러나 인남은 제안을 거절한다. 얼마 지나지 않아 인남은 의뢰자로부터 제안받았던 일이 자신이 마지막으로 처리한 일과 연결되어 있음을 알게 된다. 어눌한 한국말로 인남에게 조심하라던 의뢰자는 자신도 도망치던 중 납치당하고 레이에게 잔인하게 죽임을 당한다.

마지막으로 인남이 죽인 남자는 '인간 백정' 레이의 형이었다. 소름 끼치는 사건에 연관되었음을 직감하던 중 자신의 옛 애인의 비보를 듣게 된다. 시신을 확인하고 그녀의 유품으로 받은 지갑에 여친과 함께 웃고 있는 작은 여자아이가 있다. 과거 특수 요원이었던 시절, 자신의 팀이 해체되고 자신의 신분조차 보장받을 수 없었던 인남은 애인에게 이별을 고하고 떠난다. 지난 시절이 오버랩되며 만감이 교차한다.

| 영화 〈다만 악에서 구하소서〉 스틸

그는 이전 상관에게 전화로 묻는다. "아이를 만나면, 어떻게 해요…" 상관은 답한다. "웃어야지…"

자신의 아이였을지도 모르는, 이제는 죽었을지도 모르는 아이를 찾아 인남은 곧바로 태국으로 향한다. 조력자 유이를 만나 필사적으로 아이를 찾아 나선다.

S#2 레이 "너와 관련된 모든 사람들을 죽일 거야!"

자신의 형제가 인남에게 살해당한 것을 알게 된 레이는 인남을 추격하기 위해 태국으로 향한다. 목까지 올라오는 특이한 문신에 속내를 알 수 없는 무표정한 레이는 완벽한 살인마의 모습이다. 목을 뒤덮은 문신에서 느껴지는 것은 세상에 대한 분노, 이면에 깔린 두려움이다. 그리고 나약한 자신을 지키기 위한 처절한 몸부림은 끝까지 상대를 찾아내 복수하겠다는 일념으로 이어지며, 사람을 죽일 때 느끼는 전능감과 희열이 뒤섞여 있다. 그에게 세상은 절대 져서

121

는 안 되는 악으로 가득한 곳이고 홀로 외로이 세상 속에서 싸우고 있는 것처럼 보인다.

S#3 유이 "나에게도 아이가 있어요. 그래서 도와주는 거야!"
태국의 어느 바에서 화려한 의상과 화장을 한 여인이 흐느적거리며 노래를 부르고 있다. 다름 아닌 유이다. 아이를 찾아 나선 인남을 돕기 위해 인남의 옛 동료가 소개한 유이는 사실은 성전환 수술을 위해 태국으로 흘러들어온 한국인 남성이었다. 남자아이를 둔 아빠이기도 한 유이는 인남에게 묘한 감정을 갖고 그를 돕는다.

〈다만 악에서 구하소서〉에서 유이를 연기한 박정민은 영화 〈그것만이 내 세상〉에서는 자폐인을 연기했다. 진짜 자폐인 건가 의심스러울 정도로 놀라운 연기력을 보여주었는데, 이 영화에서는 트렌스젠더를 연기했다. 이 역할은 잘못하면 지나치게 과장되어 보는 사람을 불편하게 할 수도 있는데 영화에서 매우 자연스럽게 소화했다.

근본적이고 원초적인 본능으로서의 공격성

〈다만 악에서 구하소서〉는 영화 〈테이큰〉을 연상시킨다. 범죄 조직에 납치당한 딸을 구하고 그들을 응징하는 아버지 캐릭터는 부

| 아버지라는 존재
영화 〈다만 악에서 구하소서〉 인남(왼쪽)과 〈테이큰〉의 브라이언(오른쪽)

성애와 액션이 조화를 이루면서 통쾌함을 준다. 아이를 찾아 나선 인남, 그를 추격하는 레이, 그리고 인남의 조력자 유이 세 사람의 환상의 콜라보는 영화를 보는 재미와 완성도를 높인다. 두 남자의 뻔한 액션 영화에서 묘한 매력을 발산하는 유이라는 캐릭터는 보는 이에게 쫀쫀한 즐거움을 선사한다.

두 영화의 결말은 해피엔딩과 새드엔딩이라는 차이를 보인다. 〈다만 악에서 구하소서〉는 보다 끈끈한 부성애를 보여주는데, 자신의 목숨을 버리면서까지 어린 딸을 구하는 아버지의 모습은 가슴속 깊숙이 끓어오르는 뜨거운 감동을 선사한다. 섬세한 감정 표현이 어려운 다소 무뚝뚝하고 투박한 아버지가 온몸이 상처투성이가 되어도 자신의 몸이 부서져라 불사조처럼 뛰어드는 모습은 비장미와 숭고함을 느끼게 만든다.

아이에게 아버지의 존재란, 아버지에게 아이의 존재란 무엇인가. 자신의 아이를 지키기 위한 몸부림은 근본적이고 원초적인 본능으로서의 공격성이 존재함을 일깨워준다. 그것은 우리가 존재하는 이유를 설명해주기 때문이다. 그러나 그에 비해 레이의 복수는 이해하기 어려운 지점이 있다. 자신의 형을 죽인 인남에 대한 원한과 복수는 그렇다 치더라도 그의 주변에 있는 사람들을 모두 죽이겠다고 인남을 협박하는 상황은 과하다고 느껴진다. 형에 대한 원수를 갚는다는 표면적인 이유 이외에 다른 목적이 있을 것이라는 생각이 드는 이유다.

그는 자신의 분노를 표출할 이유가 필요했던 것이지 복수를 원했던 것이 아니다. 그가 인간 백정으로 사람을 잔인하게 죽이며 절규하는 사람들에게 한 말에서 그의 본의가 드러난다. "원래 내가 원했던 것은 바로 이거거든. 두려움에 떨며 살려달라고 애원하는 모습을 보는 것."

"받은 것만큼 돌려준다."라는 말이 있다. 그런데 내가 한 것보다 훨씬 상회하는 것을 요구한다면 우리는 그 부당함에 저항하게 되어 있다. 그래서 레이가 인남의 딸을 위협하자 인남은 필사적으로 레이에게 대항하게 된다. 절박함에 있어서도 두 사람의 대결 결과는 정해져 있다고 할 수 있는 것이다.

〈아저씨〉를 통해서 본 영화 속 폭력성의 문제

아저씨 The Man from Nowhere, 2010

감독: 이정범

출연:

원빈
태식 역

김새롬
소미 역

S#1 묘한 우정의 시작

무언가 사연이 있는 듯, 덥수룩이 눈을 덮은 긴 머리와 축 처진 어깨, 말없이 전당포를 운영하며 살아가는 태식은, 실은 전직 특수 요원이다. 아마도 지금은 그 존재조차 사라져버린 국가 기밀 요원으로 혹독한 훈련을 통해 임무를 수행했다. 그러던 어느 날 자신의 임신한 아내가 누군가에 의해 죽임을 당하는 것을 목도하고 그는 홀연 사라진다. 그리고 지금의 무기력한 모습으로 살아가고 있다.

그런 그에게 '아저씨'라 부르며 유일하게 친근하게 다가오는 이는 옆집 소녀 소미뿐이다. 그런 소미를 태식은 무심히 대하지만, 둘 사이의 묘한 우정은 깊어간다.

S#2 아이를 찾아

그러던 어느 날 소미가 사라지고 태식은 두 번 다시 사랑하는 사람을 잃지 않겠다는 일념으로 소미를 찾아 나선다. 그 과정에서 아이

| 영화 〈아저씨〉 스틸

들과 장기 밀매를 하는 범죄 조직과 맞서게 된다.

"너희는 내일을 위해 살지만 나는 오늘만 산다. 너희는 오늘만 사는 나에게 죽는다!"

원빈이라는 배우가 가진 치명적 매력 때문에 영화는 흥행에 성공했다고 나는 생각한다. 그러나 들리는 이야기로는 원래 〈아저씨〉의 주인공으로 내정되었던 배우는 원빈이 아니라고 한다. 그러나 원빈이 아닌 〈아저씨〉 도저히 상상할 수가 없다. 몇 안 되는 명장면 중 하나인 원빈이 거울을 보며 머리를 깎는 장면은 여심을 흔들었다.

그럼에도 불구하고 한 가지 마음에 들지 않는 것은 영화에 보이는 지나친 잔인성이다. 장기 밀매, 마약, 아동 유괴와 학대 등 자극적인 소재와 잔혹한 폭력 장면들 때문에 영화를 보는 도중에도 심장이 뜨끔뜨끔했다. 〈레옹〉을 연상시키는 줄거리에 불필요하다 싶을 정도로 잔혹한 폭력 신이 더해졌다.

어린아이들이 유괴되고 아이들과 납치된 사람들의 장기가 밀매되고 그 시체들은 유기된다. 옆집 아이를 되찾겠다는 일념으로 태식은 범죄 조직과 맞선다. 결국 스스로가 스스로를 구원한다는 이야기인데, 폭력에 폭력으로 맞서는 방식을 선택한 것이다.

현란한 액션과 원빈이라는 아름다운 배우 때문에, 폭력이 폭력이 아닌 정당한 수단으로 미화될 것 같다는 내 생각이 과한 것일까?

부정적인 감정도 건강하게 표현할 수 있어야 한다

실제로 공격성은 공격 행동을 관찰함으로써 학습될 수 있다. 사회학습이론가인 앨버트 반두라와 그의 동료들은 실험을 통해 아동을 대상으로 한 실험에서 공격적인 장면을 본 아동들이 공격 행동이 증가했다는 결과를 보여주었다. 특히 아동이나 청소년들에게 공격적이고 폭력적인 영화가 긍정적인 영향을 미치지 않음을 보여준다고 할 수 있다. 따라서 이런 영상물에 어려서부터 자주 노출되는 것이 아이들에게 어느 정도는 폭력성과 공격성을 증가시킬 수 있다는 사실을 주의할 필요는 있다.

아이들은 어깨에 보자기를 두르고 "슈퍼맨~"을 외치며 소파에서 뛰어내리거나 손에서 장풍이 나오는 모습을 연출하면서 노는 모습을 종종 보인다. 스스로가 약한 존재임을 부인하고 강력한 힘을 가진 영웅에게 동일시하는 모습이라고 할 수 있다. 나이가 들수록 그런 캐릭터는 현실성이 없기에 초월적 존재에 대한 흥미는 떨어지게 되고, 보다 근접 거리에 있는 사람으로부터 모델링을 하게 된다. 따라서 건강하게 공격성을 표출하는 방법을 알려줄 필요가 있다.

영화 〈싸움의 기술〉*은 같은 반 친구들에게 매일같이 괴롭힘을 당하는 남학생이 싸움의 고수를 만나 자신의 나약함을 극복한다는 내용을 다루고 있다. 그러나 싸움의 고수는 뜻밖에도 이런 말을 한다. "싸움은 X 같은 것, 가장 좋은 것은 싸우지 않고 이기는 것"이라고. 순간 분을 참지 못하고 날린 주먹은 다시 자신에게 돌아오고 서로에게 상처만 남는다. 아이들은 성장하면서 이런 사실을 인지하고 서로 타협하고 화합하는 방법을 배우게 된다.

뭐니 뭐니 해도 액션 영화의 장점은 영화관에 가서 생각 없이 즐기고 영화를 보고 난 후 아무 생각 없이 집으로 돌아올 수 있다는, 즉 쌓여 있던 스트레스를 확 날려버릴 수 있는 카타르시스에

---

* 〈싸움의 기술〉 The Art Of Fighting, 2005

감독: 신한솔 | 출연: 백윤식(오판수 역), 재희(송병태 역)

고등학생 송병태는 학교 내 양아치들에게 괴롭힘을 당한다. 문제를 해결하려 했지만, 번번이 실패하고 암울한 일상을 보낸다. 어느 날 우연히 자신이 다니던 독서실에서 싸움의 고수 오판수를 만난다. 그의 실력을 엿본 병태는 오판수에게 싸움을 가르쳐 달라며 요청하지만 거절당한다. 병태가 자신의 손목을 그어버리자 오판수는 결국 병태를 제자로 받아들인다. 그렇게 싸움의 기술을 배운 병태는 자신을 괴롭히는 아이들에게 복수를 시작한다.

있다고 할 수 있다. 다시 말해 액션 영화의 미덕은 감동이나 통찰 같은 것이 아니라 막혀 있던 감정의 폭발을 통한 해소, 후련함이다. 이는 카타르시스(정화)*라고 할 수 있다.

슬픔이나 분노와 같은 감정은 부정적인 인식이 있어 즉시 표현되지 못하고 억압되는 경향이 있다. 심지어 "울면 안 돼, 울면 안 돼~"라는 노래가 있을 정도로 우리는 어려서부터 부정적 감정을 억제하도록 교육받아왔다. 그러나 우리의 감정은 억제된다고 사라지는 것이 아니다. 무의식의 어디엔가 잠재되어 있다가 그 출구를 찾게 되고, 자신도 모르게 폭발할지도 모른다. 일종의 풍선 효과처럼. 그래서 이런 부정적인 감정을 건강하게 표현하는 방법을 배울 필요가 있는 것이다. 영화치료에서는 영화를 통해 슬픔, 분노, 갈등, 공격성 등을 밖으로 끌어내고 표현함으로써 억눌린 감정을 승화시키도록 돕는데, 영화를 통해 부정적인 감정을 해소하고 자신의 감정을 정확하게 인식하게 하는 것이 도움이 될 수 있다.

---

* 카타르시스는 고대 그리스의 아리스토텔레스가 〈시학〉에서 처음 사용한 용어다. 그는 비극의 정화적 힘을 주장했는데 그것이 왜곡된 감정을 닦아내고 심리적 외상을 치유한다고 믿었다.

12시간 동안 세상은 무법천지가 된다

더 퍼지 The Purge, 2013
감독: 제임스 드모나코
출연:

에단 호크	레나 헤디	맥스 버크홀더
제임스 역	마리 역	찰리 역

S#1 법이 사라진 시간

"지금부터 12시간, 살인은 물론 어떤 범죄도 허용됩니다." 요란한
사이렌이 퍼지 데이를 알린다. 사상 최저 실업률과 범죄율 단 1%의
미국, 매년 단 하루 12시간 동안 살인은 물론 어떤 범죄도 허용되는
'퍼지 데이'가 있다. 이 시간만큼은 모든 공권력이 무력화되고 오직
폭력과 잔혹한 본능만이 난무한다.

S#2 전쟁터로 변한 집

제임스는 최첨단 보안 시스템을 가동해 혹시 모를 위험에 대비하지만 쫓기던 부랑자를 집으로 들이면서 끔찍한 퍼지 데이의 밤이 시작된다. 더 이상 안전하지 않은 집에서 가족을 지키기 위한 제임스와 그들을 죽이려고 달려드는 적들 사이에 죽고 죽이는 싸움이 벌어진다.

영화에는 단 하루 12시간 동안 모든 범죄가 허용되는 '퍼지 데이(purge day)'가 있다. 'purge'는 '정화, 정화하다'라는 뜻이며, 영화에서는 '숙청'이라고 번역했다. 즉 더럽고 쓸모없는 어떤 존재, 사람과 사물을 무작위로 파괴하고 죽일 수 있고, 상상할 수 있는 모든 범죄가 이 시간 동안 일어나며 법은 잠시 침묵한다. 인간의 살인 본능을 한 차례 쏟아내서 정화해내면, 그들은 다시 원 상태로 돌아가 이전 상태로 살아갈 것이다.

어떤 거대한 권력이 자신들의 권력을 유지하기 위해 이런 말도 안 되는 사태를 눈감아주고 조정하는 것인지, 그날이 오면 사람들은 총을 들고 사람을 사냥하기 위해서 나선다. 그래, 1년에 딱 하루. 그것도 12시간 동안만 내가 할 수 있는 어떤 것을 해도 법이 제지하지 않는다면, 그것이 인류의 평화를 유지하기 위한 유용한 방법 중 하나라면?

법과 양심의 치명적 간극 "당신은 동의하는가?"

영화는 이런 질문으로부터 시작된다. 제임스는 어느 정도 자리를 잡고 사는 미국의 중산층이다. 자신이 만든 보안 시스템을 가동시키며 CCTV를 통해 밖에서 벌어지는 상황들을 그저 관망할 뿐이다. 법이 정한 테두리 안에서 자신은 그 법을 지킬 뿐이라며 스스로 합리화한다. 그러나 그런 부모들을 지켜보는 아이들은 이해할 수 없다. 그리고 점점 자신들을 향해 어둠의 그림자가 드리워지고 있음을 직감한다. 늘 누군가가 사고를 치고 누군가는 그것을 해결하기 위해 분투하며 갈등을 겪지만, 그런 갈등을 통해서 때로는 새로운 가치와 숨겨진 진실을 이해하고 받아들이게 된다.

제임스는 자신의 아들 찰리가 몰래 집으로 들어오게 한 노숙자 때문에, 그를 죽이려고 했던 사람들에게 둘러싸인다. 그의 집은 가장 안전한 곳에서 가장 위험한 장소로 변질하며, 이제는 자신과 가족들의 생사조차 가늠할 수 없는 절체절명의 위기에서 아들이 숨긴 노숙자를 잡아 그들에게 돌려보내려 한다. 그렇지 않으면 자신과 가족이 위험하다. 그는 가족을 지키기 위해 극도로 잔인한 모습을 보이고, 그런 그의 모습을 가족들은 받아들이지 않는다. 강제로 문이 뜯기고 소름 돋는 가면을 쓰고 이상한 웃음을 웃으며 사람들이 들어온다. 분명 그들 중에는 그를 잘 아는 이웃도 있을 것이다.

밤새도록 서로 죽고 죽이는 살육 게임이 벌어지고, 그와 가족은

| 영화 〈더 퍼지〉 스틸

적들에 의해 포위된다. 그러나 위기에서 그들을 살린 것은 제임스의 아들이 살려준 노숙자의 총이었다. 몇 방의 총성이 울리고 싸움은 종료되었다. 그리고 시간이 흘러 '숙청 종료'를 알리는 사이렌이 울린다. 성을 파고 사는 행위를 국가가 통제하면서 개개인들을 성적으로 쥐락펴락하듯이 퍼지 데이는 마치 그런 권력의 속성을 보여주는 것 같다는 생각이 든다.

동물 세계에서조차도 같은 종족을 해치는 경우는 극히 드물다. 같은 종족끼리 공격하는 행위는 종족을 멸종시킬 위험을 안고 있기 때문이다. 스스로 안전이 중요하다면 내가 아닌 타인의 안전까지 보장되어야 하는 것은 이런 이유 때문이며, 동물 세계나 인간 세계에서 이 원칙은 엄격하게 지켜져 왔다. 그러므로 인간에게 살인 유전자, 살인 본능이 존재한다는 이유를 들어, 이를 해소할 탈출구로 살인과 각종 범죄의 형태로 허용해서는 안 되는 것이다.

우리 안에 있는 공격성 이해하기

화이: 괴물을 삼킨 아이 Hwayi: A Monster Boy, 2013

감독: 장준환
출연:

김윤석
석태 역

여진구
화이 역

S#1 괴물을 삼킨 아이 화이

각각의 범죄 기술을 지닌 다섯 명의 아빠를 둔 화이, 아빠들의 사
랑을 독차지하며 순수하게 자란다. 화이의 다섯 아빠는 변두리에
서 수목원을 운영하며 생계를 유지하는 것처럼 보이지만, 실은 돈
을 위해 사람 죽이기를 벌레 밟아 죽이듯 우습게 생각하는 킬러들이
다. 그런 그들이 화이에게만은 유난히도 애착을 갖는다. 특히 리더
석태는 화이가 자신처럼 강한 존재가 되길 바란다.

S#2 석태와의 갈등

그러던 어느 날 범죄 현장에 화이를 끌어들여 살인을 종용하고, 결
국 화이는 살인을 하게 된다. 그러나 자신이 죽인 사람이 자신의 친
부였음을 알게 된 화이는 혼란에 빠지며, 친모마저 죽이려 드는 석
태와 전쟁을 하게 된다. "아버지… 왜 절 키우신 거예요?"라는 질문
에 석태는 "너도 이제 알게 될 거야."라며 자신의 세계로 끌어들이

| 영화 〈화이〉 스틸

려 한다. 그러나 화이는 석태와 달리 괴물에 먹히지 않는다.

다섯 아빠 중 대장인 아빠 석태는 자신을 닮은 듯 닮지 않은 화이에 대한 집착이 남다르다. 영화에서는 그런 그의 집착이 잘 설명되지 않는다(내 생각에는 자신의 행위를 화이를 통해서 합리화하고 정당성을 획득하고 싶었던 것으로 보인다).

다만 다섯 아빠와 같은 보육원 출신으로 함께 사는 영주(임지은 분)의 말이 인상적이다.

"너는 화이가 너하고 달라서 무서운 거지?"

그러나 석태는 자신처럼 괴물이 보인다며, 괴로워하는 화이에게 말한다.

"너도 나처럼 해봐, 그렇게 해보니까, 이제 안 보이지?"

키워준 정이냐 낳아준 정이냐에 괴로워하지만, 화이는 친부모를 잔인하게 살해한 석태를 용서할 수 없다. 비록 석태의 말대로 이미 화이의 손은 더러워졌을지라도 화이는 석태와 같은 길을 가지는 않을 것이다. 화이는 건강하고 유연한 자아를 가진 아이이기 때문이다.

지배할 것이냐, 지배당할 것인가?

우리 안의 폭력성과 공격성은 아마도 분석심리학자 융이 말하는 '그림자'에 비유될 수 있을 것이다.

무의식 속에는 나도 모르는 또 하나의 '나'가 있어 나도 모르게 나로 하여금 실수하게 해서 내가 지향하고 내가 주장하는 것과는 전혀 다른 모순된 행동을 하게 한다고 한다. 옛 속담에 "등잔 밑이 어둡다."라는 말이 이에 적절한 비유일 것이다. 이런 나도 모르는 나를 융은 '그림자(schatten)'라고 명명했다. 그림자란 '나'의 어두운 면, 즉 무의식적인 측면에 있는 나의 분신이며, 자아의식이 강하게 조명되면 될수록 그림자의 어둠도 짙어진다고 한다. "선한 것만 주장하면 할수록 악한 것이 그 뒤에 도사리게 되며 사회적인 물의를 일으키게 되는 경우가 종종 있다. 그런데 '좋은 것'만을 하고자 하고 자기는 옳다고만 생각하는 사람은 오히려 '나쁜 것'에 대한 유혹에 빠지기 쉬울 수 있다."[*]라는 부분이 잘 와닿지 않아서

저명한 융 분석 전문가에게 해석을 의뢰한 바, 다음과 같은 답변을 받았다.

"영화 내용과 관련된 주제들은 그림자뿐 아니라 인간의 본능에 대해서도 언급하고 있는 것 같네요. 자신에게는 선한 것만 있고 남에게만 나쁜 것이 있다고 하는 사람은 자신의 그림자, 그러니까 마음속의 욕망에 대해 잘 모르고 그것을 타인에게 투사하는 것이지요. 자신의 것으로 인정하기가 힘드니까요. 그것이 바로 그림자이겠지요. IS는 바로 집단적 그림자의 한 예입니다. 그림자는 주로 사회적 가치관, 태도 등에 의해 억압된 태도라고 할 수 있겠습니다.

인간에게는 본능이라는 것이 있는데 물론 분석심리학은 본능을 좀 더 포괄적으로 해석합니다. 본능은 적절한 조절하에서 활성화된다면 우리의 삶을 생생하게 만들어주는 에너지입니다. 그러나 이러한 긍정적인 조절적 통합이 이루어지지 않으면 어느 날 통제 불가능하게 분출될 수 있고, 그러면 끔찍한 공격성을 일으킬 수 있습니다. 지나치게 문명화된 사회에서 인간의 본능은 억압될 수밖에 없는데, 바로 그러한 이유로 의식에서 분열된 본능은 부정적 그림자와 섞이면서 조절과 통제가 되지 않는 것입니다.

영화는 아마도 그런 현대 인류에게 공격성을 대리 분출해주는 역

---

* 이부영 지음, 『분석심리학』, 일조각, 2009

| 영화 〈화이〉 스틸

할을 하는 것 같습니다. 분석심리학적으로 볼 때 공격성은 원형적인 것이기도 합니다. 본래 공격성에 해당하는 원어는 부정적 의미가 아닙니다. 공격성은 다음 발달 단계로 나아가거나 생존을 위해 반드시 필요한 에너지입니다. 공격성을 의식하고 조절하는 적절한 자아 발달이 이루어졌다면 조절할 수 있겠지요.”

〈화이〉에서 석태는 자신의 눈에 보이는 괴물 때문에 괴로워한다. 그때 같은 보육원에 있었던 형(화이의 친부)에게 고민을 털어놓는다. 열심히 기도하면 좋아질 것이라는 그의 말대로 기도해봤지만, 그럴수록 괴물의 존재는 더욱더 막강해져 그를 괴롭힌다. 그래서 그는 결심한다. '내가 괴물이 되어야겠다.'라고 말이다.

내 안의 그림자 이해하기

「지킬 박사와 하이드」의 등장인물은 낮에는 점잖은 의사이나 밤마다 포악한 괴물로 변한다. 즉 하이드는 의사 지킬의 그림자이며 의식적 인격과 무의식적 인격의 이중성 표현일 수 있다. 그 이외에도 흥부와 놀부, 콩쥐와 팥쥐, 가짜와 진짜 등 무수한 쌍들이 인간 정신의 의식성과 무의식성, 명과 암을 표현하며, 그리스도와 마귀처럼 선의 반대 것들은 그것의 그림자라 할 수 있다. 다시 말해 그림자는 의식의 바로 뒷면에 있는 여러 가지 심리적 내용으로 열등한 인격과 같은 것이다.[*]

이처럼 우리 안에 있는 어둡고 열등하고 때론 사악한 존재와 대면은 불편하고 두려운 것일 수 있다. 그러나 내 안의 면면들과 만나고 화해하지 않는다면, 통합되고 조화로운 자신이 될 수 없다. 오히려 어두운 그림자의 희생양이 되어 '괴물'이 되어버릴지도 모른다.

영화 〈오큘러스〉[**]에는 '래서 거울'이라는 아주 기이한 거울이 등장한다. 다소 위압적이고 음산한 분위기의 거울을 들여놓는 순간부터, 집 안의 사람들은 모두 괴물이 되어버린다. 거울은 또 다른 자신을 상징하기도 한다. 이러너 이유로 거울은 실제 거울이라기보다는 인간의 마음에 존재하는 또 다른 '자아'이자 내면의 어

---

[*] 이부영 지음, 「분석심리학」, 일조각, 2009

| 영화 〈오큘러스〉 스틸
영화의 주요 소재인 래서
거울

두운 면, 즉 그림자일 수 있다. 악의 포로가 된 이들은 자신과 사랑하는 가족의 삶을 파괴한다. 이미 악의 그림자에 먹힌 아버지는 아들을 위해 자살을 한다. 화이의 '괴물'처럼 래서 '거울'은 정신 착란이나 정신 이상으로 인한 환각이라기보다는 인간 본성의 어두운 면을 묘사하고 있는 것 같다는 생각이 든다.

** 〈오큘러스〉 Oculus, 2013

감독: 마이크 플래너건 | 출연: 카렌 길런(카일리 역), 브렌튼 스웨이츠 (팀 역)

어린 시절 카일리와 팀은 충격적인 사고로 부모님을 잃는다. 남동생 팀은 부모를 살해한 누명을 쓰고 소년원에 수감된다. 그로부터 10년 후, 동생이 출소하기를 기다리는 누나는 어린 시절에 발생한 끔찍한 사고가 부모님이 들여놓았던 거울(래서 거울)의 짓이라 믿는다. 공교롭게도 거울의 이전 주인들을 추적한 결과 모두 비참한 죽음을 맞이했다. 카일리는 동생과 함께 래서의 거울을 파괴하기 위한 계획을 세운다.

동조와 복종의 패러다임

전쟁의 잔인함 속 아름다운 선율

피아니스트 The Pianist, 2002

감독: 로만 폴란스키

출연:

애드리언 브로디　　토마스 크레취만

스필만 역　　　　　　호젠펠트 역

S#1 유태인 수용소로

1939년 폴란드 바르샤바. 유명한 유대계 피아니스트 블라디슬로프 스필만은 한 인기 라디오 프로그램에서 쇼팽의 '야상곡'을 연주하다 폭격을 당한다. 이후 유태인인 스필만과 가족들은 게토에서 생활하지만, 결국 수용소로 향하는 기차에 몸을 싣게 된다.

S#2 영혼을 실은 연주

가족들을 죽음으로 내보내고 간신히 목숨을 구한 스필만은 허기와 추위, 고독과 공포 속에서 마지막까지 삶을 지켜나간다. 나치의 세력이 확장되면서 자신을 도와주던 몇몇 사람마저 떠나자 완전히 혼자가 되지만 스필만은 자신만의 은신처에서 끈질기게 목숨을 이어간다. 어둠과 추위로 가득한 폐건물 속에서 은신해 생활했지만, 우연히 순찰하던 독일 장교에게 발각된다. 지상에서의 마지막 연주가 될지도 모르는 순간, 스필만은 온 영혼을 손끝에 실어 연주를 시작한다.

실화를 바탕으로 만들어진 영화는 피아니스트 스필만이 나치의 핍박 속에서 다른 사람들의 도움을 받아 살아남는 과정을 그렸다. 그의 재능을 특별히 여긴 사람들이 그를 숨겨주고 도와주어 그는 가까스로 살아남지만, 은신처에서 독일군 장교에게 발각되고 절체절명의 순간을 맞이한다.

수염이 덥수룩한 노숙자 같은 몰골의 스필만에게 장교는 직업이 무엇인지 묻는다. "피아니스트(The Pianist)."라는 그의 대답에 장교는 피아노 즉흥 연주를 제안한다. 떨리는 손으로 피아노 연주를 시작하는 스필만. 처음에는 긴장한 탓에 연주가 매끄럽지 않지만 금세 그는 연주에 몰입한다. 정신없이 연주를 마치자 그의 연주를 감상하던 장교는 진심으로 그의 연주에 경탄해 박수친다.

장교는 그의 존재를 상부에 알리지 않고 가끔 그에게 먹을 것을

| 영화 〈피아니스트〉 스틸

가져다주며 간간이 전쟁 상황이나 소식을 알려준다. "곧 전쟁이
끝난다. 조금만 기다려라." 그의 말처럼 전쟁은 끝났고 지긋지긋
한 도피 생활도 끝났다. 그는 다시 피아니스트로 사는 삶을 이어
간다.

전쟁과 음악의 대비가 보여주는 것

피비린내 나는 전쟁과 음악이 묘하게 어울리면서, 싸움도 못하고
생존 능력이 전무한 그가 어떻게 살아남을 수 있을까를 생각하게
된다. 그의 음악적 재능을 아끼는 많은 사람이 그를 도왔고, 그는
가족 중 유일하게 생존한다. 그가 살아남게 된 근원 중 하나는 '음
악'이었다. 그가 장교 앞에서 피아노를 멋지게 연주하지 않았더라
면 그는 바로 죽임을 당했을지도 모른다. 그렇다면 음악이 주는

143

힘이라는 것이 무엇일까?

음악은 시간과 공간을 초월해 남녀노소 모두에게 어필한다. 음악은 인간에게 선천적으로 내재되어 있는 것이며, 태아기부터 노인에게 이르기까지 사용할 수 있고, 음악 지식이나 장애의 유무 등과 상관없이 반응하기 때문이다. 또한 적절한 자기표현의 수단이기도 하다. 즉 언어나 문화가 달라도 음악은 정서적 반응과 신체적 반응을 일으키도록 만든다. 다시 말해 음악은 인류 보편적으로 모두에게 통하는 엄청난 힘을 가지고 있다. 우리가 타 문화의 음악에 매료되기도 하고 반대로 우리의 음악에 전 세계인들이 열광하는 이유라 할 수 있다.

음악이 주는 힘은 인류 보편적인 가치를 지니는데, 영화와 마찬가지로 예술이 인간에게 주는 긍정적인 힘이다. 반면 전쟁은 이와 상반된 가치를 지닌다. 특히 독일 나치즘이 자행한 유대인 학살은 인류 역사상 인간이 인간에게 저지른 가장 끔찍한 범죄라고 할 수 있다. 감독이 전쟁과 음악의 대비를 통해 말하고 싶었던 게 무엇

144

이었을까? 반인륜적 범죄를 저지른 독일이나 일본 등 특정한 민족만이 이런 극악한 행위를 할 수 있는 것일까, 아니면 인간의 본성일까? 그럼에도 음악처럼 인간이 근원적으로 가지고 있는 치유의 힘이 있는 것일까에 관해 로만 폴란스키 감독*은 묻고 있는 것처럼 보인다.

당신은 버튼을 누를 것인가?

누군가가 불법 행위나 부당한 행위를 강요한다면 당신은 어떤 선택을 할 것인가? 심리학자 스탠리 밀그램은 이런 의문을 품었다. "유대인 학살 같은 비극적이고 끔찍한 사건은 우리와 무관한 특정한 사람들만의 문제일까?" 밀그램 실험에서 피험자들에게 다른 방에 있는 사람이 정답을 말하지 못하면 전기 충격을 가하게 했다. 물론 실제 전기 충격은 없었고 피험자에게 들려준 신음 소리는 녹음된 것이었다. 극소수의 사람만이 실험에 동조할 것이라는 밀그램의 예상은 빗나갔다. 40명의 참가자 중 26명이 실험자의 지시에 따랐다는 것은 놀라운 일이다.

---

* 로만 폴란스키 감독은 폴란드계 유대인으로 자신과 가족들이 독일 나치즘의 피해자다. 이후 감독으로서 세계적인 명성을 얻었으나 자신이 집을 비운 사이 부인 샤론 테이트와 같이 집에 있던 사람들이 살해당하는 일을 겪는다. 이는 후에 타란티노 감독에 의해 영화 〈원스 어폰 어 타임 인 아메리카〉로 각색된다. 그는 미국에서 아동성범죄를 일으켜 프랑스로 도피한다.

PART 3 영화관에서 폭력을 읽다

| 영화 〈밀그램 프로젝트〉 스틸
영화에서 나오는 밀그램의 실험

그 후에도 비슷한 연구가 진행되었지만, 결과는 크게 다르지 않았다. 사람들은 비슷한 상황에서 너무나 쉽게 자신의 권리나 선택을 포기하고 권위자의 지시에 따랐고, 자신의 도덕성이나 윤리성을 쉽게 포기하는 모습을 보였다.

일련의 실험을 통해 우리가 생각해봐야 할 것은 '인간은 과연 자신의 자유의지에 따라 살아가는 존재인가?'라는 의문이다.* 이에 대해 친절한 설명을 보여주는 영화가 있다. 바로 〈밀그램 프로젝트〉다.

---

* 박소진 지음, 『나는 자발적 방콕주의를 선택했다』, 마음의숲, 2018

인간은 선택의 순간 본모습을 드러낸다

밀그램 프로젝트 Experimenter, 2015

감독: 마이클 알메레이다

출연:

피터 사스가드
밀그램 역

위노나 라이더
샤샤 역

S#1 밀그램의 실험

1961년 예일대학교에서 특별한 실험이 진행되었다. 저명한 사회심리학자이자 대학교수인 스탠리 밀그램이 진행한 실험의 참가자들은 칸막이 하나를 사이에 두고 각각 교사와 학생이 된다. 교사의 질문에 학생이 오답을 말하면 그에 따른 '처벌'로 학생에게 최대 450볼트까지 전기 충격을 줘야 하는 상황이다.

S#2 당신은 버튼을 누를 것인가

오답이 계속될수록 상대방(학생)의 고통스러운 신음이 들려온다. '권위'를 가지게 된 참가자(교사)는 이제 마지막 '처벌'을 행하려 하는데… 사회적으로 논란을 불러일으킨 위대한 실험. 당신은 버튼을 누를 것인가?

심리학자 밀그램은 로만 폴란스키 감독처럼 유대인계 인사다.

그들이 이와 같은 의문을 품는 것은 어쩌면 자연스러운 것일 수 있다. 자신들과 가족, 동족들이 죽어가는 것을 직간접적으로 경험하면서 왜 이런 잔혹한 일들이 벌어지는지, 인간의 본성이 무엇인지에 대해 고뇌했기 때문이다.

영화에서는 밀그램의 동조 실험을 통해 사람들이 얼마나 쉽게 자신의 도덕성이나 책임을 타인에게 양도하고 범죄적 행위에 가담하는지를 보여준다. 그조차도 생각지 못한 결과였다. 사회적으로도 많은 논란을 불러일으킨 실험에 대해 영화는 아주 상세하게 보여준다.

무엇이 인간을 공격적으로 만드는가?

영화 〈밀그램 프로젝트〉에서는 겉으로는 선량해 보이는 다수의 사람이 드러내는 공격성을 보여준다. 심지어 어떤 사람들은 상대방이 전기 충격으로 고통스러워하는 것을 즐기기도 했다. 상당수 사람들이 전기 충격의 수위를 최고로 높였다는 것도 놀랍다. 어떻게 그럴 수 있었을까? 인간을 공격적으로 만드는 요인 중 하나는 스트레스, 동조, 복종 등이 있다.

스트레스(stress)는 인간이 심리적·신체적으로 감당하기 어려운 상황에 처했을 때 느끼게 되는 불안과 위협의 감정이다. 스트레스는 삶의 모든 영역에 존재하며 스트레스는 적응해야 할 변화를 의미하기도 한다. 스트레스는 신체적 질병이나 사고와 같은 부정적인 것에서부터, 사랑에 빠지거나 원하는 것을 성취하는 것과 같이 긍정적인 것까지 다양하다. 학교에서 집단 따돌림을 당하거나, 강간, 목숨을 위협하는 사고를 당하거나 전쟁이나 테러 등은 정신적 외상(trauma) 수준의 스트레스를 받게 된다. 이런 충격적 사건을 경험한 사람은 그 사건을 잊지 못하고 반복적으로 재경험하는 듯한 반응을 보이며 외상 후 스트레스 장애(post-traumatic stress disorder, PTSD)로 극심한 고통을 겪는다. 심한 경우 자살 등으로 이어질 수 있다.

다시 말해 스트레스는 우리의 삶 전반에 걸쳐 발생하는 것으로, 좋은 일이든 나쁜 일이든 상관없이 발생한다. 예를 들어 우리가 가장 기뻐해야 할 상황, 결혼이나 승진, 출산 등의 생활 사건에서도 스트레스는 발생한다. 따라서 스트레스 없는 삶은 존재하지 않는다. 스트레스가 없는 순간은 곧 죽음을 의미한다. 중요한 것은 이런 스트레스를 얼마나 잘 관리하고 대처하는가이다.

그러나 밀그램의 실험에서 보여주듯 스트레스가 발생하지 않는 상황, 즉 뚜렷한 원인이 없음에도 인간은 공격적으로 될 수 있다.

보통 우리는 엘리베이터를 타면 문 쪽을 바라보고 선다. 그런데 이상하게도 사람들이 문을 등지고 있다면 당신은 어느 방향을 보며 서 있을 것인가? 영화에서 소개되는 '애쉬의 엘리베이터 실험'을 보자. 심리학자가 몰래 촬영한 실험 영상인데 지금 봐도 장면이 너무 웃긴다. 엘리베이터를 타는 사람들이 문을 등지고 선

| 솔로몬 애쉬의 동조 실험

다. 처음에는 이상하게 다른 사람들의 행동을 보던 사람들은 자신
도 결국 다른 사람의 행동을 따라 하는 것을 발견하게 된다.

남자는 자신이 카메라에 찍히고 있는 줄 모르고 문을 등지고 선
사람들의 행동에 당황해하다가 이리저리 눈치를 보더니 이내 몸
을 돌려버린다. 이 모습을 보고 사람들은 폭소를 터트렸지만, 이
영상을 찍은 심리학자는 인간이 다른 사람의 행위를 얼마나 무비
판적으로 수용하는가를 보여주고자 했다. 이를 동조 현상이라고
한다.

동조(conformity)는 다른 사람의 직접적인 지적이나 부탁, 요청
이 없음에도 불구하고 주변 사람들이 모두 같은 의견이나 행동을
취하면 자신의 본래의 의사와 상관없이 주변 사람들의 행동이나
생각에 따라가는 것을 말한다. 주변 사람들이 모두 같은 의견이나
행동을 취하고 있을 때, 자신만이 그들과 다른 의견이나 행동을
견지하기는 쉽지 않다. 사람은 집단에서 일탈자로 지목되는 것에

두려움이 있기 때문이다. 따라서 집단으로 발생하는 괴롭힘과 같은 공격 행위에 자신의 의지와 상관없이 동조하게 될 수 있다.

최근 몇 년 사이에 부산과 강릉 등지에서 여중·여고생들이 집단 구타를 하는 사건이 발생했다. 여러 명이 한 명을 지목해 집단으로 괴롭히고 심각한 구타 행위를 하는 상황에서 집단의 일탈자가 되지 않기 위해 스스로 폭력 행위에 참여하는 행위가 동조 현상의 예가 될 수 있다. 그러나 집단 중 한 사람이라도 이탈자가 생기면 동조량은 급격히 줄어든다. 즉 집단의 만장일치 여부가 동조 행동을 결정하는 데 매우 중요한 요인이 된다.

또한 복종(obedience)은 상대방이 가진 권위나 권력 때문에 상대방의 요청에 따르는 것이다. 복종에 관한 것은 '밀그램의 실험'이 사람들이 어느 정도로 자신의 의사에 반해 권위에 복종하는지를 보여준다. 많은 사람이 예일대와 전문가 집단이라는 권위, 실험에 참가하면 주어지는 대가에 쉽게 복종하는 모습을 보여주었다. 따라서 유대인 학살과 같은 대량 학살은 독일이나 일본과 같은 특수한 민족이나 집단에게서만 일어나는 것으로 이해해서는 안 된다는 것이다.

공격성을 줄이기 위해 필요한 것은?

공격 행동은 또 다른 공격 행동을 유발한다. 이런 악순환을 개선

151

하기 위해서 공생과 궁극적으로 자신에게 더 많은 자원과 이득을 취하기 위해서 상호 적정 수준에서의 양보와 협동이 필요하다. 양보와 협동을 증가시키기 위해서는 사전에 의견을 교환하는 것이 중요하다. 흔히 '죄수의 딜레마'라고 알려진 게임이론에서 사람들은 협력할 것인가 말 것인가를 결정하게 되는데, 역설적으로 죄수들에게 협력이란 자백하지 않는 것이 제일 나은 선택이다.*

사회가 집단 구성원이 동일한 가치를 공유하고 있다는 일반화된 믿음을 갖게 하고 그렇지 않으면 처벌을 받을 것임을 확실히 하는 제도적 장치를 만드는 것이 중요하다. 또한 구성원 개인의 행동이 집단 전체에 장기적으로 어떤 결과를 가져오는지에 관한 정보를 제공하고, 집단 전체의 장기 복지를 중시하는 가치관과 집단 정체감과 공동운명체 의식을 강화해 협동적 행동을 증가시킬 수 있다.

이런 말이 상당히 상투적으로 들릴지 모른다. 그러나 최근 군 인성 교육에 자문위원으로 참여하면서 이런 생각이 더 확고해졌다. '인성'이라는 것이 주는 모호함 때문에 과연 교육으로 인성을 향상시킬 수 있는가에 대한 의문이 들기도 했다. 타인을 배려하고

---

* 죄수의 딜레마 게임에서는 둘 중의 하나만 선택할 수 있다. 협력할 것인가 경쟁적 선택을 할 것인가. 공범의 혐의를 받는 두 명의 용의자가 있고, 이들의 죄를 입증할 수 있는 유일한 방법은 자백받는 것이다. 두 명의 죄수가 모두 죄를 고백하면 둘 다 3년 형을, 둘 중 한 명만 자백하면 자백한 사람은 무죄, 자백을 하지 않은 사람은 30년 형을 구형할 것이라고 한다. 문제는 서로 다른 방에 격리되어 서로 어떤 생각을 하는지 알 수 없다. (윤가현 외 지음, 『심리학의 이해』, 학지사, 2012)

집단과 공동체 의식을 강화하는 것은 매우 중요한 가치임은 분명하다. 점차 개인주의가 팽배해지고 경쟁이 과열되고 있는 현시점에서 다시 한번 돌아봐야 할 가치가 아닐까 싶다. 군이라는 특수성을 고려할 때 인성이 뭐 그리 중하냐고 할 수 있으나, 경쟁만을 중시한다면 특출한 능력을 가진 개인을 배출할 수는 있어도 협력을 통한 집단의 이익의 극대화를 이루기는 어렵기 때문이다.

양보와 협동의 결과는 자신에게 유리하거나 더 큰 이득을 얻기 위한 것으로 이기적인 동기에 근거한다. 이와 달리 이타성은 남에게 받은 은혜를 갚은 보은 행동의 일종이다. 이타성은 사회적 책임 규범을 가진 사람이 자신에게 도움을 줄 수 있는 능력이 있고 그럴 수 있는 위치나 입장에 있으면, 비록 도움받은 일이 없는 낯선 사람일지라도 어려움에 처해 있다면 사회적 책임감이 생겨서 도움을 주게 된다. 그러나 책임이 분산될 경우 사람들은 이런 이타적 행위를 타인에게 떠넘기기도 한다.

책임 분산(diffusion of responsibility) 이론에 따르면, 위급 상황에서 어떤 사람이 곤경에 처했을 때 주변에 도움을 줄 수 있는 사람이 여러 명 있었음에도 아무도 도움을 주는 행동을 하지 않을 수 있다. 여러 명이 있으니 자신이 아닌 다른 누군가가 돕겠지 하고 생각하게 되고, 이것이 오히려 아무 행동을 취하지 않게 되는 결과를 초래한다고 한다. 그래서 도움을 청할 때는 특정한 사람을 지목해서 도움을 요청하는 것이 효과적이라는 것이다.*

영화 〈목격자〉**에서는 새벽에 일어난 살인 사건을 다룬다. 한

| 영화 〈목격자〉 스틸

여성이 괴한에게 쫓겨 도망치다 한 아파트로 들어서고 "살려주세요!"라고 외친다. 괴한은 곧바로 여성을 덮쳐 망치로 때려죽이는데, 이를 본 사람들은 아무도 그녀를 돕지 않고 여성은 결국 죽음에 이른다. 본의 아니게 이 상황을 목격한 상훈은 112에 신고하려다 범인과 눈이 마주치고, 그는 살인자의 다음 타깃이 된다. 그녀가 죽임을 당하는 순간 상황을 목격했던 사람들은 누구일까?

---

* 윤가현 외 지음, 『심리학의 이해』, 학지사, 2012

** 〈목격자〉 The Witness, 2017

감독: 조규장 | 출연: 이성민(상훈 역), 곽시양(태호 역)

태호는 자신의 차 트렁크에 한 여성을 납치해 가둔다. 야산에 차를 세워 여성을 죽이기 위해 트렁크를 여는 순간 여성은 태호의 얼굴을 세게 차고 아파트 단지로 도망친다. 한편 상훈은 회사 동료들과 늦은 시간까지 회식하고 술에 취한 채로 귀가한다. 그날 새벽 아파트 주차장에서 들리는 비명에 상훈은 밖을 내다보게 되고 여성을 살해하는 태호를 목격한다. 태호는 상훈과 눈이 마주치고, 그가 사는 집 층수를 센다. 금방이라도 찾아올 듯했던 태호는 경찰의 수사가 진행되어도 상훈을 찾아오지 않고, 계속해서 상훈의 곁을 어슬렁거리기 시작한다.

사람들은 자신의 목숨이 위태로울 수 있다는 생각과 살인 사건으로 인해 집값이 내려갈 것이라는 생각으로 사건을 은폐하고자 한다. 그러나 범인을 찾아내고자 하는 형사에 의해 상훈은 어쩔 수 없이 경찰서를 찾게 되고 이를 알게 된 범인은 상훈의 가족을 위협한다. 이 영화는 같은 아파트에서 이웃으로 살아가는 많은 사람이 자기중심적인 생각만을 갖고 타인의 어려움을 외면할 때 어떤 비극이 일어날 수 있는지를 보여준다.

진짜 나쁜 놈들의 전성시대!

연쇄살인, "인간인가, 괴물인가?"

우리들의 일그러진 영웅, 배트맨과 조커

PART 4

영화관에서
범죄를 읽다

진짜 나쁜 놈들의 전성시대!

악마를 잡기 위한 '악인'

악인전 The Gangster, The Cop, The Devil, 2019

감독: 이원태

출연:

마동석
장동수 역

김무열
정태석 역

김성규
강경호 역

S#1 골목길 추돌사고

늦은 밤 어둡고 한적한 골목길에서 추돌사고가 일어난다. 앞차가
정지하고 차주가 내린다. 뒤이어 뒤차 주인이 내리고 앞차 주인이
사진을 찍는 동안 돌변한 뒤차 주인이 칼을 내리꽂는다. 무차별적
으로 휘두르는 칼날에 앞차 주인은 속수무책으로 당한다.

S#2 조직 보스 장동수

샌드백을 두드리는 근육질의 한 남자, 장동수. 근접하기 어려운 뒤태에서 무지막지한 힘이 느껴진다. 잠시 후 누군가가 그를 부르자 동작을 멈춘다. 샌드백 안에는 피범벅이 된 남자가 들어 있다.

"그대로 돌려보내."

S#3 강력반 미친개 정태석

연쇄살인범을 쫓는 강력반 형사 정태석은 오늘도 여기저기 다니며 흔적을 찾고 있다. 그러던 중 조직의 보스 장동수가 누군가에 의해 습격을 당해 중태에 빠진 것을 알게 되고, 그 범인이 자신이 찾던 연쇄살인범 강경호라는 사실을 알게 된다.

우연히 연쇄살인범의 표적이 되어 칼을 맞고 쓰러진 조직 보스 장동수와 연쇄살인범을 잡으려 혈안이 된 강력반 미친개 정태석이 의기투합해 연쇄살인범을 잡기로 한다. 그리고 먼저 잡는 놈이 그놈을 갖기로 한다.

누가 진짜 악인인가?

영화 〈악인전〉에는 세 부류의 악인들이 등장한다. 첫 번째는 부패한 경찰, 두 번째는 조직 보스, 세 번째는 연쇄살인범이다. 우연히

| 영화 〈악인전〉 스틸
폭력 조직의 동수(왼쪽)와 경찰 조직의 태석(오른쪽)은 연쇄살인범을 잡기 위해 의기투합한다.

연쇄살인범의 습격을 받은 조직의 보스가 경찰과 한패가 되어 연쇄살인범을 뒤쫓고, 결국 연쇄살인범을 잡는 데 성공한다는 스토리인데 뭔가 찜찜하다.

연쇄살인범은 일개 개인일 뿐이지만 부패한 경찰들과 폭력 조직은 각각 거대한 조직이다. 더욱이 경찰이라는 조직은 국가를 대표하는 조직인데 이 조직이 범죄자들과 한패가 된다는 것 자체가 심각한 범죄다. 또 더 나쁜 놈들이 나쁜 놈 하나를 잡으면 그들의 죄가 사라지는가에 대해서도 생각하게 한다. 영화는 악인을 규정하는 기준에 대해 생각하는 계기를 만들어주었다.

감히 조직의 보스를 건드린 대가로 연쇄살인범은 경찰과 깡패들에게 쫓기는 신세가 된다. 연쇄살인범과 조직 보스, 경찰의 대결이라는 삼각 구도는 처음에는 신선하게까지 느껴졌다. 그러나 아무리 연쇄살인범을 잡기 위한 것이라고 하지만 경찰과 범죄 조직이 손을 잡는다는 설정이 불편하게 다가오기 시작했다.

정태석: 나쁜 놈이 더 나쁜 놈을 잡는다고?

장동수: 아니지, 나쁜 놈 둘이 더 나쁜 놈 하나를 잡는 거지!

깡패와 경찰, 두 조직의 위험한 연대

이 지점부터 나는 불편함을 느끼며 영화를 볼 수밖에 없었다. 연쇄살인범 강경호는 무차별적으로 사람을 죽이고 다닌다. 우연히 그의 심기를 불편하게 하는 사람이거나 그의 시야에 들어온 표적은 모두 대상이 된다. 자신보다 큰 체구의 장동수에게도 거침없이 칼을 휘두르는 것이 다소 무리한 설정 같기는 한데(대개 범인들은 자신보다 약한 존재를 택하기 마련이다), 결국 조직의 보스조차 그에게 칼을 맞고 중태에 빠진다.

그가 사람을 죽이는 것을 즐기는 악마라고 할지라도 절대 악으로 규정하고 부패한 두 조직이 손을 잡고 그를 잡는다는 논리는 지나친 비약이다. 불법적인 수단과 방법을 동원하더라도 범인만 잡으면 된다는 이야기에 지나지 않는다.

연쇄살인범이 세 놈 중에서 가장 나쁜 놈이라는 논리도 동의하기가 어렵다. 어려서부터 아버지에게 학대당하면서 자랐다는 그의 과거가 짧게 소개되면서 불우한 어린 시절이 그가 살인을 저지르게 된 동기가 아닐까 싶은데, 연쇄살인범 캐릭터가 불분명한 상황에서 그를 절대 악이라고 규정하는 것은 아무래도 문제가 있다.

| 영화 〈악인전〉 스틸
연쇄살인범 경호가 가장 나
쁜 놈인가?

그의 무분별한 살인 행위는 병적인 행위에 가깝다. 물론 그렇다고 해서 살인이 정당화될 수는 없지만 말이다(살인은 한 인간의 생명을 영원히 박탈하는 강력 범죄로 전형적인 침해 범죄로 가장 원초적인 범죄이며, 청부 살인은 촉탁·승낙에 의한 살인으로 「형법」 제252조 1항에 의해 처벌받도록 되어 있다).*

정태석은 경찰이라는 막강한 공권력과 조직을 거느렸고, 장동수는 불법적인 행위를 통해 막대한 부를 축적하고 엄청난 수의 수하를 거느린 조직의 보스다. 두 조직과 일개 개인을 비교하는 것 자체에 무리가 있다고 생각한다. 그리고 거대 두 조직이 연쇄살인범을 잡아들였다고 해서 선을 구현했다고 할 수 있을까? 자신의 세력을 확장하기 위해서라면 사람을 죽이는 것도 서슴지 않는 범죄 조직이 경찰을 돕는다는 설정은 아무래도 과하다.

---

* 오윤성 지음, 『범죄 그 심리를 말하다』, 박영사, 2012

범죄란 무엇일까?

범죄(crime)란 포괄적으로 '반사회적 행위(anti-social behavior)'를 가리키는 것으로 보기도 하는데, 법률적 개념에서 범죄는 법을 위반하는 행동이다. 그러나 범죄는 절대적인 개념이 아니며, 시대와 장소에 따라 변호하는 상대적인 개념이다. 범죄의 개념은 시대와 지역과 사회에 따른 다중 잣대에 의해 새롭게 평가되기도 한다. 또 범죄의 분류를 용이하게 하기 위해, 새로운 범죄의 출현과 새로운 양상의 범죄가 발생할 때마다 필요와 성격에 따라 다양한 명칭으로 불리기도 한다.[*]

『레 미제라블』의 장 발장은 빵을 훔쳤다는 이유로 혹독한 법의 심판을 받으며, 죽을 때까지 자유롭지 못한 삶을 산다. 지금 생각해보면 너무 과한 법 적용을 받은 것이라고 할 수 있을 것이다. 우리나라에서 최근 사라진 법 중에서 '혼인빙자간음죄'의 경우 개인의 성적 자유를 침해한다는 이유로 폐지되었다. 이렇듯 시대에 따라 범죄의 개념과 적용 범위 등에도 변화가 생긴다.

범죄는 범죄를 저지르는 특이한 유전자를 가진 사람들(예를 들면 반사회성 인격장애와 같은)에 의해서만 저질러지는 것이 아니다. 영화 〈황해〉[**]처럼 평범한 삶을 살던 구남과 같은 사람도 저지를 수 있는 것이다. 때로는 누가 더 나쁜 놈인지 모를 미묘한 경계를 넘

---

* 오윤성 지음, 『범죄 그 심리를 말하다』, 박영사, 2012

나들 수도 있다. 영화 〈불한당〉에서는 이러한 경계가 더욱 극명하게 대두된다.

나쁜 놈들의 세상, 그 경계

불한당: 나쁜 놈들의 세상 The Merciless, 2016

감독: 변성현
출연:

설경구
한재호 역

임시완
조현수 역

S#1 조현수

피투성이가 된 채로 차 안에 멍한 표정으로 앉아 있는 남자 조현수.

** 〈황해〉 The Yellow Sea, 2010

감독: 나홍진 | 출연: 하정우(구남 역), 김윤석(정학 역)

연변에서 택시를 운전하며 힘들게 살아가는 구남은 구질구질한 삶에서 벗어나기 위해 마작판을 전전하지만 빚만 쌓여간다. 한국으로 돈 벌러 간 아내는 소식이 끊긴 지 오래다. 그러던 어느 날 돈 좀 벌겠냐며 구남에게 접근하는 한 남자(정학)가 있다. 한국에 가서 한 사람을 죽이고 오라는 것. 잠시 고민하던 구남은 한국행을 택한다. 힘들게 황해를 건너 한국에서 목표물을 찾는 데 성공했지만, 그를 노리는 다른 놈들에 의해 그가 죽임을 당하고, 구남이 살인자로 누명을 쓰면서 졸지에 도망자 신세가 된다. 구남은 자신이 이용당했다는 것을 알고 자신을 속인 정학을 찾아나선다. 두 사람의 피 튀기는 대결이 시작되고, 승자는 아무도 없다.

S#2 한재호와 조현수

범죄 조직의 일인자를 노리는 한재호. 쉽게 누군가를 믿지 않는 그에게 똑똑하고 패기 넘치는 조현수가 눈에 들어온다. 두 사람은 서로에게 끌리고 가족보다 더 깊은 의리를 쌓아간다. 그러던 중 현수의 엄마가 사고로 돌아가시고 교도소에 있는 현수는 엄마의 장례라도 치르게 해달라고 요구하지만 묵살당한다. 이를 조용히 지켜보던 재호가 교도소 소장에게 부탁해 현수가 장례를 치를 수 있도록 돕는다. 이를 안 현수는 자신의 정체가 실은 경찰임을 알리고, 두 사람의 관계는 더욱 돈독해진다. 경찰과 범죄 조직 사이에서 줄타기하듯 현수의 이중생활이 시작되고, 경찰은 그런 현수를 의심하게 되지만 범죄 조직을 소탕하기 위해 현수의 존재가 중요하기 때문에 계속 그를 주시한다.

그러던 어느 날 현수를 부른 현수의 상관이 엄마를 죽인 범인이 다름 아닌 재호라는 사실을 폭로한다. 현수는 분노로 치를 떨며 복수를 결심하게 된다.

현수의 상관은 현수의 엄마를 죽인 사람이 재호라는 사실을 알고 있었음에도 이 사실을 현수에게 알리지 않는다. 오히려 "당하는 놈이 바보 같은 것"이라며 자신을 합리화한다. 범죄 조직을 검거하겠다는 지나친 일념으로 인해 상관은 누군가의 인생이 무너지든 말든 개의치 않는다.

인간의 빛과 그림자

영화 〈불한당〉은 경찰 조직과 범죄 조직의 경계에서 끊임없이 갈등하는 인간의 모습을 보여준다. 자신이 누구인지 정체성이 흔들리는 상태에서 현수가 어떤 결정을 하든, 그의 삶은 이전의 삶과 분명히 구분된다. 이런 갈등은 홍콩 영화 〈무간도〉[*]에서 이미 다루어진 바가 있다.

영화 〈무간도〉에서는 경찰의 스파이가 된 범죄 조직원 유건영과 범죄 조직의 스파이가 된 경찰 진영인의 이야기를 다룬다. 실제 신분이 뒤바뀌어버린 두 사람은 어느 순간부터 자신이 누구인지조차 혼란스러워한다. 진영인이 경찰로 복귀하려는 순간 유건영의 동료에 의해 죽임을 당한다. 그는 죽어서야 비로소 경찰 신분으로 돌아간다.

한국 영화 〈신세계〉[**]에서도 비슷한 이야기를 다룬다. 경찰 신분을 숨기고 범죄 조직에 잠입한 이자성은 약속을 지키지 않고 자신을 이용만 하는 강과장보다 자신을 친형제처럼 대해주는 정청

---

[*] 〈무간도〉 Infernal Affairs, 無間道, 2002

감독: 유위강, 맥조휘 | 출연: 유덕화(유건영 역), 양조위(진영인 역)
경찰의 스파이가 된 범죄 조직원 유건영과 범죄 조직의 스파이가 된 경찰 진영인. 한 번의 선택으로 인생이 바뀌어버린 두 남자의 피할 수 없는 대결을 다룬다. "무간지옥에 빠진 자는 죽지 않고 영원히 고통을 받는다." 무간지옥(無間地獄)은 불교에서 말하는 18층 지옥 중 제일 낮은 곳을 칭하는 용어로, 가장 고통이 극심한 지옥을 일컫는다. 죽지 않고 고통이 영원히 지속되는 무간지옥으로 이르는 길이 곧 '무간도(無間道)'다.

| **인간의 빛과 그림자**
영화 〈불한당〉의 현수, 〈무간도〉의 건영과 영인, 〈신세계〉의 자성(시계 방향으로)

** 〈신세계〉 New World, 2012

감독: 박훈정 | 출연: 이정재(이자성 역), 최민식(강과장 역), 황정민(정청 역)

경찰청 수사 기획과 강과장은 신입 경찰 이자성에게 국내 최대 범죄 조직인 '골드문'에 잠입 수사를 명한다. 그리고 8년, 자성은 골드문의 이인자이자 그룹 실세인 정청의 오른팔이 되기에 이른다. 골드문 회장이 갑자기 사망하자 강과장은 후계자 결정에 직접 개입하는 '신세계' 작전을 설계한다. 피도 눈물도 없는 후계자 전쟁의 한 가운데, 정청은 8년 전 고향 여수에서 처음 만나 지금까지 친형제처럼 모든 순간을 함께해온 자성에게 더욱 강한 신뢰를 보낸다. 한편 작전의 성공만 생각하는 강과장은 계속해서 자성의 목을 조여만 가는데… 시시각각 신분이 노출될 위기에 처한 자성은 강과장과 정청 사이에서 갈등하게 된다.

에게 점점 더 끌린다. 그리고 정청이 죽음에 이르면서 남긴 "두 세계 중 하나를 정리하는 것이 살 길"이란 말을 듣고 선택을 하게 된다. 경찰로서의 삶을 정리하고 골드문의 일인자로 새로운 인생을 시작하게 된 것이다.

이 영화들은 인간이라는 존재의 이중성에 대해서 생각하게 만든다. 예전에 집필한 『당신이 알아야 할 인지행동치료의 모든 것』의 서문에 이런 글을 쓴 적이 있다.

취업을 위해 면접을 보러 간 날이었다.

면접관: 당신은 좋은 사람입니까?

　나: 나쁜 사람은 아닌 것 같습니다.

면접관: 그럼 좋은 사람이라는 겁니까? (되묻는다.)

　나: 인간을 좋은 사람 나쁜 사람으로 구분하는 것은 일종의 흑백논리라고 할 수 있습니다. 마치 흰색과 검은색만이 존재한다고 보는 것과 마찬가지입니다. 인간을 흰색과 검은색(선과 악)으로 구분할 수 없습니다. 저는 흰색과 검은색 사이에 있는 회색에 가깝습니다.

이 논리는 인지행동치료의 개념 중에서 인지적 왜곡과 관련된 내용을 풀어서 설명한 것이다. 빛과 그림자처럼 인간성도 좋은 측면과 나쁜 측면이 공존한다. 이런 두 가지 측면을 수용하고 건강하게 표현하는 것이 가장 이상적이라고 할 수 있다. 영화 〈범죄와의 전쟁〉*의 범죄자이지만 아들을 훌륭하게 키운 최익현이라는 캐릭터도 맥을 같이 한다.

〈범죄와의 전쟁〉이 주는 함의는 '범죄'라는 것이 몇몇 개인의 문제가 아닌 우리 모두의 문제가 될 수 있다는 문제 제기일 수도 있다. 나쁜 놈으로 태어나고 죽는 것이 아니라는 의미를 전달하고자 하는 것인지도 모른다.

영화 〈도둑들〉에서 김윤석이 연기한 마카오박이 말한다. "그거 알아? 예수님 옆에 있었던 놈이 도둑놈이었다는 거? 따지고 보면 제일 나쁜 일 하겠다는 것도 아닌데, 그저 똥구덩이에서 연꽃 하나 피워보겠다는데, 뭘 그러시나?" 자신의 행동을 합리화한다.

정치인을 선택할 때 누가 더 훌륭한가가 아니라 누가 더 나쁜 놈인지를 가려내서 덜 나쁜 놈을 골라야 한다는 딜레마에 봉착하듯, 〈범죄와의 전쟁〉에서도 똑같은 질문을 할 수밖에 없다. 폭력과 범죄로 뒷골목에서 선량한 사람들 피를 빨아먹으며 사는 깡패 두목 최형배와 온갖 비리로 질기게 살아남은 최익현 중 누가 더

* 〈범죄와의 전쟁: 나쁜놈들 전성시대〉 Nameless Gangster: Rules of Time, 2012

감독: 윤종빈 | 출연: 최민식(최익현 역), 하정우(최형배 역)
1980년대 세관 공무원 최익현은 해고될 위기에 처한다. 마지막으로 마약 밀매라도 해서 돈을 벌어보려던 중 부산 최대 조직의 젊은 보스 최형배를 만나면서 그의 사업은 승승장구한다. 익현은 탁월한 임기응변과 친화력, 정보를 가지고 자신에게 유리하게 사업을 이끌기 시작하고, 익현과 형배 두 남자의 시대, 나쁜놈들 전성시대가 펼쳐진다. 그러나 1990년 '범죄와의 전쟁'이 선포되자 조직의 의리는 금이 가고 서로서로 배신이 시작된다. 최후에 웃는 자는 과연 누구일까?

나쁜 놈일까? 궁금해진다. 결과론적으로 보면 최익현은 끝까지
살아남아 자신의 아들을 검사로 만들고 주변 사람들로부터도 인
정받으며 산다. 온갖 비리로 얼룩진 인생이지만 자식을 위해 헌신
한 아버지… 진짜 최익현의 모습은 어떤 것일까?

이이제이, 나쁜 놈이 나쁜 놈을 잡는다?

범죄자와 그들을 잡으려는 사람들, 때로는 수단과 방법을 가리지
않고 범죄자만 잡으면 그만이라는 생각은 또 다른 범죄를 양산한
다. 영화 속 주인공들처럼 자신의 정체성마저 흔들리게 된다. 드
라마 〈나쁜 녀석들〉*에서는 나쁜 놈, 즉 범죄자들을 이용해 범죄
자를 잡는 이야기를 다룬다. 실제로 감옥에 복역 중인 범죄자들을
골라서 빼낸 후 그들이 범죄자들을 잡으면 형을 감형해주겠다고
그들을 유인한다. 현실적으로 이런 일이 가능한지 아닌지를 떠나

범죄자이니 오히려 범죄자들의 심리를 더 잘 이해할 수 있으리란 생각은 개연성이 있다.

또한 인기몰이했던 영국 드라마 〈셜록〉**은 사이코패스처럼 보이는 셜록이 냉철한 이성적 판단과 천부적인 재능으로 범인들을 찾아내는 내용을 다루고 있다. 드라마에서 셜록을 '사이코패스'라고 지칭하는 경우가 종종 나온다. 그는 높은 지능과 지식을 갖춘 데 비해 정서적 교감 능력이나 대인 관계 기술은 매우 떨어져 보인다. 그의 형도 비슷한 과로 보이는데 아마도 그의 부모님도 비슷한 유형이 아닌가 싶다. 따라서 이런 점만 가지고 사이코패스로

---

* 〈나쁜 녀석들〉 Bad Guys, 2014

연출: 김정민 | 극본: 한정훈 | 출연: 김상중(오구탁 역), 마동석(박웅철 역), 박해진(이정문 역), 조동혁(정태수 역)

강력 범죄를 저지른 이들을 모아 더 나쁜 악을 소탕하려 하는 강력계 형사와 나쁜 녀석들의 이야기. 경찰청장은 오래전 정직당한 오구탁 경위를 비밀리에 복직시켜 미제사건들을 해결하라고 지시한다. 구탁은 교도소에 수감된 전과자들을 이용해 사건을 해결하려고 한다. 악명 높은 조직폭력배 박웅철, 청부살인범 정태수, 천재 사이코패스 이정문까지 한자리에 모이게 된다.

** 〈셜록〉 Sherlock, 2010

연출/극본: 마크 게이티스, 스티븐 모팻 | 원작: 아서 코난 도일 '셜록 홈즈 시리즈' | 출연: 베네딕트 컴버배치(홈즈 역), 마틴 프리먼(왓슨 역)

21세기를 무대로 펼쳐지는 셜록 홈즈와 왓슨 박사의 무용담을 담은 영국 드라마. 아프가니스탄에서 군의관으로 복무 중이었으나 전투 중 부상으로 의병 제대한 후 존 왓슨은 우연히 만난 옛 친구를 통해 셜록 홈즈를 소개받고 허드슨 부인이 세를 놓는 방에 함께 사는 룸메이트가 된다. 셜록은 자신을 고기능 소시오패스라고 당당하게 공인하는 괴짜 탐정으로, 왓슨은 얼떨결에 셜록의 조수 역할로 살인 사건 수사에 동참한다.

| 사이코패스로 나오는 캐릭터
　드라마 〈나쁜녀석들〉의 이정문(왼쪽)과 〈셜록〉의 셜록 홈즈(오른쪽)

단정 짓기는 어렵다는 것이 내 생각이다.

　어쨌든 사이코패스 기질을 가진 형사가 범인을 검거하는 일이 있을 수 있을까? 불가능한 일은 아니다. 실제로 경찰이나 판검사, 변호사, 의사 등의 직업을 가진 사람들이 공격적인 성향이 강한 측면도 있다. 경찰은 크고 작은 범죄자들을 만날 일이 많고, 판검사나 변호사는 각종 사건 사고를 맡아 법률적으로 처리해야 하고, 의사는 아픈 사람들의 몸을 직접 치료해야 한다. 그렇기 때문에 이런 상황들을 꺼린다면 직업적으로 성공하기도 어렵고 일을 지속하기도 어려울 것이다. 한 TV프로그램에서 프로파일러는 범죄자의 행적을 쫓으면서 범죄자의 마음으로 그 상황을 그려내는 상황을 연출하고, 실제로도 범죄자가 되어 상황을 이해하려고 한다고 했다. 다만 이들과 범죄자의 차이가 있다면 경찰 등의 직업을 가진 사람들은 자신의 공격성을 사회적으로 용인될 수 있도록 건강하게 잘 표출한 사례라고 할 수 있다. 심리학에서 이를 '승화'라고 한다.

예전에 알고 지내던 변호사가 한 말이 생각난다. 소송을 진행할 때 힘들고 스트레스를 받지 않냐고 물으니 그는 "싸워서 이겼을 때, 묘한 쾌감이 있다. 그래서 이 일을 하는 것 같다."라고 답했다.

유쾌한 사이코패스 이야기

사이코패스는 반사회성 인격장애에 속하는 하위범주로 공감 및 죄책감의 결여, 얕은 감정, 자기중심성, 남을 잘 속이는 등 정서 및 대인 관계에서의 공감 능력의 부족, 죄의식과 양심의 가책 결여를 특징으로 한다. 대인 관계에서 자기중심적이고 교묘한 거짓말에 능하다. 행동과 생활양식은 충동적이고, 지루함을 참지 못하며, 행동 제어가 서투르고 자극을 추구하며, 책임감이 없고 사회규범을 쉽게 위반한다.*

지금까지는 정말 나쁜 놈들만 이야기했다. 그런데 소시오패스나 사이코패스, 반사회성 인격장애자들이 모두 범죄와 연루되는 것은 아니다. 그중에 지능이 높고 기능이 뛰어난 많은 소시오패스가 우리와 함께 살아가고 있는지도 모른다. 아주 유쾌한 사이코패

* 한국심리학회 편, 『더 알고 싶은 심리학』, 학지사, 2018

스 이야기를 한번 해보려 한다. 영화 〈악마는 프라다를 입는다〉*에 나오는 매우 흥미로운 캐릭터다.

미란다는 패션 업계에서 악명높기로 유명하다. 그럼에도 불구하고 탁월한 능력 덕에 그녀는 패션 잡지 '런웨이'의 편집장 지위를 확고히 하고 있다. 완벽주의자이면서 반사회성과 자기애성 성격장애가 의심되는 그녀와 저널리스트를 꿈꾸는 신입 직원 앤드리아의 조합은 처음부터 삐걱댄다. 앤드리아의 역할은 편집장 일을 돕는 비서이지만, 타인에 대한 배려라곤 눈곱만큼도 없는 직장 상사 미란다에게 앤드리아는 속수무책이다.

앤드리아의 관심 대상이 아니지만, '런웨이'는 세계적인 패션 잡지로 잡지의 편집장 미란다는 그 분야에서는 전설적인 인물이다. 그러나 그녀의 악명 덕에 '마녀' 또는 '악마'로 불리곤 한다. 온몸을 명품으로 휘감고 은발을 휘날리며 들어오는 그녀의 포스는 남다르다. 인사도 받지 않고 벗은 겉옷과 가방을 비서(앤드리아)의 책상에 던져 놓고 쉴새 없이 해야 할 일을 전달한 뒤 자신은 자기 방으

---

* 〈악마는 프라다를 입는다〉 The Devil Wears Prada, 2006

감독: 데이비드 프랭클 | 출연: 메릴 스트립(미란다 역), 앤 해서웨이(앤드리아 삭스 역)

명문대학을 졸업한 앤드리아 삭스는 저널리스트 꿈을 안고 뉴욕으로 상경하지만, 그녀가 제출한 이력서에 응답한 곳은 패션지로 유명한 '런웨이'뿐이었다. 면접 날부터 앤드리아는 패션 감각이 없다는 이유로 온갖 무시를 당하지만, 자신의 꿈을 펼치기 위해 딱 1년만 버티기로 결심한다. 각고의 노력 끝에 편집장 미란다의 눈에 들고 편집장과 함께 파리로 떠난다. 이전의 모습과 너무나도 변해버린 앤드리아의 모습에 친구들도 남친도 어색해하며 그녀를 멀리한다. 그 끝은 어떻게 될까?

| 영화 〈악마는 프라다를 입는다〉 스틸

로 들어가버린다. 질문 따윈 받지 않는다. 그저 능력껏 알아서 해오든지, 그게 싫으면 나가든지다. 그녀는 자기 밑에 누가 있는지, 그들이 얼마나 힘들어하는지 등은 아랑곳하지 않는다. 그녀에게 비서는 얼마든지 뽑을 사람이 있으니 다시 뽑으면 되는 그저 소모품에 불과하다.

그러나 그녀의 프로페셔널한 능력은 모두에게 선망의 대상이며, 감히 넘볼 수 없는 그녀만의 무언가가 존재하는 것은 분명하다. 그런 그녀에게도 약점은 있다. 눈에 넣어도 아프지 않을 쌍둥이 딸들이다. 그녀는 이혼당하면서도 딸들이 입을 상처에 고통스러워하며 눈물을 보인다. 아주 잠깐 '이 인간도 사람이구나.' 하는 감정이 들며, 앤드리아는 그녀에게 묻는다.

"뭘 도와드릴 것이 없을까요?"
"Your Job."(네 일이나 똑바로 해!)

그럼에도 불구하고 미란다에게 끌리는 이유는 뭘까? 어느 순간에도 이성을 잃지 않는 냉철함과 끝까지 일을 완수해내는 책임감? 타고난 감각과 스스로에 대한 무한한 자부심? 자신의 이미지를 지키려고 하는 강한 자기애? 미란다는 이기적이고 자기중심적이며 타인에게 상처를 주기도 하고, 자신의 이익을 위해 타인을 기꺼이 이용한다. 자신에게 유리하게 사업 파트너를 갈아타기도 하고, 자신이 수족처럼 부리던 부하 직원을 가차 없이 잘라버리기도 한다. 때로는 회사의 회장을 협박하기도 하며, 그것을 통해 자신에게 유리한 협상을 끌어내는 등 자신의 능력도 보여준다. 누가 이런 대담성을 보일 것인가? 그녀의 언행이 속이 후련하기도 한 한편, 그다지 나쁘지만도 않게 느껴지는 이유다.

앤드리아는 '런웨이'를 그만두고 자신이 원하던 신문사에 지원한다. 면접을 보러 간 날, 신문사 편집장은 당신이 전에 일하던 '런웨이'의 편집장 미란다로부터 이런 메시지를 받았다며, 그녀에게 일러준다.

"앤드리아는 나에게 가장 큰 실망을 안겨준 비서다. 그러나 그녀를 당신들이 뽑지 않는다면, 당신들은 바보다."

가는 길이 다르기에 다른 선택을 했지만, 서로는 서로를 알아보고 각자 최선의 길을 가도록 빌어주는 것이 필요한 순간이 있다. 오늘도 미란다는 "시간 맞춰 차 대는 게 뭐가 어렵다고 이렇게 꾸

177

물대는 거야?"라며 불평을 늘어놓는다. 그런 미란다와 앤드리아가 멀리서 우연히 조우한다. 여전히 차가운 눈빛으로 앤드리아를 바라보던 미란다는 무표정하게 차에 올라탄다. 앤드리아는 그럴 줄 알았다며 웃으며 지나가고, 그 모습을 바라보는 미란다의 얼굴에도 묘한 웃음이 번진다. 그리고 잠시 후, 운전기사에게 말한다.

"Go!"(안 가고 뭐해?)

이 장면에서 뿜을 뻔했다. 일관된 그녀의 태도에서 해갈을 느꼈다고 해야 할까.

범죄는 예방할 수 있을까

M. E. 토머스의 책 『나 소시오패스』를 소개한다. 제 발로 의사를 찾아가 소시오패스 검사와 진단을 요구했던 저자가 자신에 대해 기술한 책이다(당돌하게도 이 여인은 자신이 '소시오패스'라고 주장한다). 저자는 변호사이면서 법학 교수다. 변호사인 아버지와 피아노 교사였다가 배우로 데뷔한 어머니 사이에서 태어났다. 그녀가 진짜 소시오패스인지는 잘 모르겠다. 저자는 소시오패스라기보다는 오히려 '자기애성 인격장애'가 더 의심된다.

그녀의 보고에 따르면 일관성 없고 자기중심적이며 피상적인 부모 아래서 자랐다고 한다. 이 점이 그녀가 특이한 성격을 형성하는 데 기여했을 것이라는 가정을 해볼 수 있을 것이다. 그래서 자신의 감정을 억제하고 억압하면서 겉으로는 무덤덤하고 냉철함을 유지해왔을 수 있다. 감정에 휘둘리지 않는다는 것을 스스로는 자랑스럽게 여기지만, 이면에는 '감정에 휘둘리는 것은 나약하고 바보같은 것'이라는 생각이 있을 수 있다.

다만 여기서 중요한 것은 책 서두에 자신을 설명하면서 소시오패스가 친사회적으로 적용되었을 가능성에 대해 조심스럽게 언급하고 있다는 것이다. 저자의 경우 스스로 주장하는 대로 고도의 훈련된 지능 높은 사이코패스나 소시오패스일 가능성도 높다. 그러나 전술했듯이 범죄를 저지르는 사람들이 다 이런 사이코패스나 소시오패스가 아니다. 범죄가 발생하는 이유는 개인의 기질이나 특성보다는 주변 환경과 사회 문화적인 배경, 경제적인 문제 등이 훨씬 더 중요하다고 생각한다. 스스로에 대해서 정확히 인식하고 어떻게 잘 대처하는 것이 스스로에게 좋은 것인지를 판단하게 함으로써 사회에 적응하도록 돕는다면, 그런대로 적응하고 기능하면서 살아갈 수 있도록 유도하는 것이 필요하다고 생각한다.

범죄는 노력하지 않거나, 또는 대가를 거의 치르지 않고 쉽게 목적을 달성하려고 하거나, 잘못된 방식으로 이득을 취하려는 인간의 욕망과 관련되어 있다. 그리고 이런 욕망을 달성하기 위해 필연적으로 타인의 권리가 침해된다. 따라서 이에 관한 법에 따른 제재가 필요하며, 다시 범죄가 발생하지 않도록 예방하는 것이 최고의 방법이라고 생각한다.

또한 범죄는 그 사회의 건강성과 관련되어 있다고 생각한다. 따라서 사회의 회복 탄력성, 포용성, 공동체 의식 등을 함양하고 '너와 나'가 아닌 '우리'라는 테두리 안에서 문제를 함께 해결하려는 노력이 절실하다.

내가 대학원생이었을 때 심리학 교수님이 이런 말씀을 하셨다. "누군가가 범죄를 저질렀을 때 그것을 그저 남의 일이라고 생각하면 안 된다. 그 일은 당신의 일이 될 수 있기 때문이다. 우리 심리학자들은 이런 문제들이 발생하지 않도록 더욱더 관심을 가져야 한다." 그러나 그런 관심이 심리학자들만의 몫은 아닐 것이다.

연쇄살인,
"인간인가, 괴물인가?"

일상이 되어버린 죄악 〈세븐〉

세븐 SE7EN, 1995
감독: 데이빗 핀처
출연:

브래드 피트
데이빗 밀스 역

모건 프리먼
윌리엄 소머셋 역

S#1 사건과의 조우

은퇴를 앞둔 형사 윌리엄 소머셋은 새로 전근 온 신참내기 형사 데이빗 밀스와 한 팀이 된다. 그 다음 날, 음식을 먹다가 죽은 초고도 비만 남자와 식칼로 자기 살을 베어내 죽은 변호사 사건을 맡게 된다. 둘 다 강압에 의한 것으로 추정하고 사건을 쫓는다.

S#2 일곱 가지 죄악, 그리고 사건

'식탐', '탐욕', 그리고 '나태', '분노', '교만', '욕정', '시기'

　소머셋은 현장에 남은 흔적들로 기나긴 연쇄살인이 시작되었음을 직감하고 성서의 일곱 가지 죄악을 따라 발생하는 사건들을 추적하기 시작한다.

〈악인전〉에서 잠깐 언급한 연쇄살인범은 정확히 연쇄살인이라고 규정하기 어려운 지점들이 있다. 주로 차를 타고 이동하며 자신의 눈에 들어온 대상을 연쇄적으로 죽이는데, 연쇄살인보다는 연속살인에 가까운 것이 아닌가 하는 생각이다. 물론 이는 범죄심리 전문가들의 정확한 분석이 더 필요하다.

인간의 심리 중에서 가장 이해하기 어려운 심리가 범죄심리가 아닐까 싶다. 직업이 직업이다 보니 가끔 뉴스에 나오는 흉악범들을 보면서 나쁜 인간이라고 비난하기 이전에 '왜 저런 행동을 했을까'에 초점을 맞추게 된다. 범죄를 저지르고도 뻔뻔하게 사는 인간들의 심리까지 이해해야 하냐고 묻는 사람들이 있다. 그러나 예방 차원에서 그들을 이해하고 더 흉악한 범죄가 일어나지 않도록 하기 위해서라도 범죄심리에 대한 관심은 필요하다.

최근 우리나라에도 연쇄살인범의 이야기를 다룬 영화들이 많이 나온다. 대표적으로 화성 연쇄살인을 모티브로 한 영화 〈살인의 추억〉, 연쇄살인범 유영철을 모델로 한 〈추격자〉 등이 있다. 노인들이 연쇄살인범을 추격하는 영화 〈반드시 잡는다〉와 치매

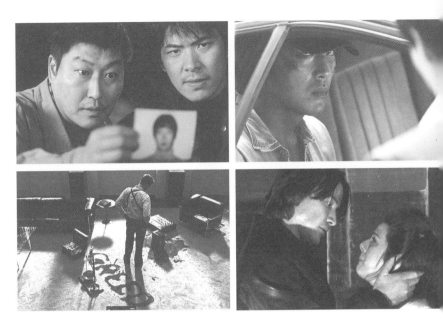

| **연쇄살인범을 다룬 영화들**
영화 〈살인의 추억〉, 〈추격자〉, 〈세븐〉, 〈왓쳐〉 스틸(시계 방향으로)

에 걸린 연쇄살인범의 이야기를 다룬 〈살인자의 기억〉도 있다. 앞서 소개한 〈악인전〉에서도 연쇄살인범이 등장한다.

외국 영화로는 〈세븐〉, 〈본 콜렉터〉, 〈왓쳐〉 등이 있다. 세 영화모두 영화적으로 완성도도 있고 재미도 있지만, 연쇄살인범에 대한 오해를 불러일으킬 수 있다는 문제도 있다. 특히 〈왓쳐〉의 주인공이자 연쇄살인범 그리핀으로 나오는 키아누 리브스는 너무 매력적인 외모 덕에 살인마로서의 긴장감을 느끼기 어려웠다(실제로 연쇄살인범들 중 훈남들이 많다는 이야기도 있다). 또 영화에 나오는 살인 장면 등은 선정적이고 자극적이어서 영화의 흥행에는 도움이 될지는 몰라도 연쇄살인에 대해 경각심을 주기보다는 호기심을 불러일으킬 것 같아 우려스럽다.

연쇄살인의 정의와 연쇄살인범의 심리

전 FBI 요원 로버트 레슬러에 의해 연쇄살인범(serial killer)이라는 용어가 처음으로 사용되었다고 하는데, 연쇄살인이란 '사건 사이에 냉각기를 가진 상태에서 세 곳 이상의 장소에서 세 차례 이상 살인을 저지르는 행위'로 정의된다. 즉 횟수는 세 건 이상이어야 하며, 장소는 서로 다른 장소 세 군데 이상이고, 살인과 살인 사이에 휴지기인 냉각기(cooling-off period)가 있어야 하는데, 이 기간은 몇 시간에서 몇 년이 될 수 있다.*

이런 정의에 따라 연쇄살인을 저지른 범인이 나오는 대표적인 영화로는 이제는 고전이 되어버린 〈양들의 침묵〉**이 있다. 영화에는 한니발 렉터라는 희대의 살인마가 등장한다. 정신과 의사였던 한니발은 자신의 환자들을 잔인하게 죽이고 인육을 먹는 등 잔인함의 극을 보여준다 〈양들의 침묵〉의 후속편인 〈한니발〉***에서는 더 극악한 장면이 나오는데, 차마 설명하기조차 꺼려지는 장면이다. 지금까지 영화를 보고 나서 후회하는 몇 안 되는 장면들

---

* 오윤성 지음, 『범죄 그 심리를 말하다』, 박영사, 2012

이 있는데, 그중 하나가 〈트레인스포팅〉에서 주인공이 화장실 변기에 떨어진 마약을 주워 먹는 장면이고, 하나는 〈한니발〉에서 사람의 뇌를 잘라서 그 사람에게 먹이는 장면이다.

한니발의 경우는 범행 동기로 볼 때, 쾌락형 연쇄살인범 중 욕정·스릴러 형에 속하지 않나 생각된다. 그의 행위는 자신의 폭력성을 가장 극대화하는 방법을 사용하는데, 이들은 인육을 먹는다든지, 팔다리를 절단한다든지의 행위에 중점을 둔다고 한다.

** 〈양들의 침묵〉 The Silence Of The Lambs, 1991

감독: 조나단 드미 | 출연: 조디 포스터(클라리스 스탈링 역), 안소니 홉킨스 (한니발 렉터 역)

FBI 수습 요원 클라리스 스탈링은 상관 크로포드(스콧 글렌 분)의 지시를 받고 살인 사건을 추적한다. 사건의 단서는 피해자가 모두 몸집이 비대한 여인들이라는 점, 둘 다 피부가 도려내져 있다는 점이다. 살인범에 대한 아무런 단서를 잡지 못하고 있는 스탈링에게 크로포드는 사건 해결에 결정적인 도움이 될 것이라며 한니발 렉터 박사를 소개한다. 한니발은 전직 정신과 의사로 자신의 환자 9명을 살해하고 그 고기를 먹은 연쇄살인범이었다. 한니발은 스탈링에게 호감을 보이며 사건의 단초가 될 단서를 제시한다.

*** 〈한니발〉 Hannibal, 2001

감독: 리들리 스콧 | 출연: 안소니 홉킨스(한니발 렉터 역), 줄리안 무어(클라리스 스탈링 역)

10년 전 FBI 요원 클라리스 스탈링은 사이코 살인마인 한니발 렉터 박사의 도움을 받아 납치된 상원의원 딸을 찾아내 명성을 얻는다. 하지만 마약 소탕 작전 중 아기를 안고 있는 마약 사범을 총으로 쏘아 죽이게 되고, 그녀는 좌천될 위기에 처한다. 그러던 중 한 재력가(메이슨)로부터 한니발을 잡아달라는 제의를 받는다. 그는 스탈링을 미끼로 한니발을 찾아 복수하려 했고, 스탈링과 재회하기 위해 미국으로 온 한니발은 전말을 알게 되어 메이슨에게 복수를 시작한다.

185
•

이와 달리 금전 추구형 살인범이 있는데, 영화 〈몬스터〉*에 등장하는 태수의 경우가 여기에 해당한다. 그는 어려서부터 잔인성을 보인다. 그의 살인은 학대받는 형의 환심을 사기 위해 최초로 시도된다. 자신의 아버지에게 농약을 먹인 것이다. 그 이후로 태수는 돈만 준다면 누구든지 죽이는 괴물이 되어간다. 그러던 그에게 절대적인 적수가 나타난다. 동네에서 일명 '미친년'으로 통하는 복순이다. 노점상을 하며 살아가는 복순에게는 똑똑한 동생이 있다. 복순은 조금 모자란 듯 보이지만 특유의 생존력과 생활력으로 동생과 함께 잘 살아가고 있었다. 그런데 그 동생을 태수가 죽인 것이다. 복순은 끈질기게 태수를 찾아 결국 그를 죽이는 데 성공한다.

〈한니발〉의 한니발은 사람을 죽이는 행위에 대한 묘사나 살인 마지만 탁월한 능력 등에 초점을 맞추었지만, 〈몬스터〉는 어린 시절 태수의 이야기가 함께 등장함으로써 그의 성장 과정과 당시 환경이 그를 살인마가 되게 했을 것이라는 가정을 하게 만든다(자신이 좋아하는 형과 놀기 위해 아버지를 죽인 것 말이다).

---

* 〈몬스터〉 Monster, 2014

감독: 황인호 | 출연: 이민기(태수 역), 김고은(복순 역)
노점상을 하며 동생과 살고 있는 복순. 모자라지만 뚜껑 열리면 눈에 뵈는 게 없어 일명 '미친년'이라 불린다. 어느 날 복순이 제일 사랑하는 동생이 살인마 태수에 의해 살해된다. 복순은 동생의 복수를 위해 태수를 찾아 나서고, 태수는 살인을 마무리하기 위해 집요하게 복순을 쫓는다. 살인마와 미친년 중 승자는 누가 될 것인가?

| 영화 〈한니발〉의 한니발(왼쪽)과 〈몬스터〉의 태수(오른쪽)

실제로 연쇄살인범의 경우 어린 시절 부모로부터 학대를 받은 경험이 많고, 특히 어머니로부터 제대로 된 사랑을 받지 못한 경우가 많다고 한다. 보통 아이들은 어머니로부터는 양육과 애정을 갈구하며 아버지로부터는 신체 놀이 등을 통해 모험심과 사회성 등을 배운다고 한다. 그런 기본이 되는 사랑과 양육과 교육을 받지 못하고 자란 아이들은 그 상황이 지속되면서 상태가 점점 악화될 수밖에 없다.

어린 시절 학대 경험이 비극으로 이어지다

이보다 더 자세하게 살인마가 되는 과정을 보여주는 영화로 파트 1에서 함께 읽은 〈케빈에 대하여〉가 있다. 케빈은 연쇄살인범이 아니지만, 학교에서 대량 학살을 감행한다. 영화에서 이 아이

가 성장하는 과정이 예사롭지 않다. 우울하고 무기력하고 냉담한 엄마 에바는 아이에게 정서적인 반응을 거의 해주지 않는다. 그저 먹이고 재우고 교육시키는 표면적이고 형식적인 부모 역할만 할 뿐이고, 아이가 뭘 원하는지 관심이 없다. 왜냐하면 자신도 하루하루 살아가기 버겁기 때문이다.

그럼 케빈의 아빠는 어떤가. 아빠는 엄마보다는 케빈을 사랑하는 것처럼 보이지만, 일을 마치고 돌아와 잠깐잠깐 아이를 보는 게 전부다. 그래서 아이의 엄마가 무엇 때문에 힘들어하는지 모른다. 피상적으로 위로해줄 뿐이고 아이에 대한 관심도 피상적인 것에 그친다(에바의 어깨를 다독이며 "아이들이 다 그렇지. 다 잘될 거야."라고 위로하지만, 이런 영혼 없고 진정성 없는 말은 전혀 에바에게 위로가 되지 않는다). 아빠는 두 사람이 힘들어하고 겉도는 모자 관계에 대해 이해하지 못하고 그런 관계로 인해 서먹서먹한 집안 분위기에 불만이 있을 뿐이다.

아버지로서 기본적인 것을 해주고는 있지만, 가장의 권위 없이 아이들을 대하다 보니 아이들은 아버지를 존경하지 않는다. 많은 부모가 허물없이 대하는 것이, 아이들과 마치 친구처럼 지내는 것이 민주적이고 훌륭한 부모라고 생각한다. 그러나 부모와 자녀는 동등한 관계가 아니다. 영화에서 아빠는 아이가 잘못을 해도 그저 문제를 덮기에만 급급하다. 심지어 케빈이 실수를 가장해 동생의 눈을 실명시켰을 때도 이 사실을 언급조차 하길 꺼려한다. 문제 상황에 직면하고 싶지 않은 것이다.

이런 환경에서 케빈은 어떤 생각을 했을까? 자신에게 관심 없는 엄마와 결정적으로 아무런 도움도 안 되는 바보 같은 아빠, 그리고 사랑을 독차지하는 동생이 너무도 미웠을 것이다. 외피는 너무나 멀쩡하지만 내면을 들여다보면 긴밀한 소통과 끈끈하고 정서적인 연결이 없는, 삭막하고 무덤덤한 가족관계가 이렇게 큰 비극으로 이어질 거라고 누가 상상이나 했을까? 그런 점에서 영화 〈케빈에 대하여〉는 시사하는 바가 크다.

영화 〈추격자〉는 유영철을 모델로 만든 영화로 관객몰이에 성공했다. 그는 주로 힘이 없는 매춘 여성들을 대상으로 범행을 저질렀고, 아무런 이유 없이 여성들을 참혹하게 죽였다. 그는 그런 여성들은 죽어도 마땅하다고 여기고 있었는지 모른다. TV나 신문 일면을 장식한 그는 잘못했다거나 죄를 뉘우친다거나 하는 모습을 보이지 않는다. 오히려 두 눈에서는 사회를 향한 분노와 적대감이 느껴졌고, 자신은 해야 할 일을 했을 뿐이라는 확신감이 느껴질 정도였다. 이미 범죄는 일어났고 많은 사람이 고통 속에서

189

죽어갔다. 그들의 한은 어쩔 것이며, 앞으로 일어날 비극들은 또 어떻게 막을 것인가가 숙제로 남는다.

안산의 한 가정집에서 인질극을 벌이던 김 씨는 어린 의붓딸을 죽이고 전 부인의 남편을 살해했다. 그런데 그는 이렇게 주장한다. "나도 피해자다. 억울하다. 모든 것은 부인의 음모이고, 경찰은 나를 비웃었다." 이런 주장에 사람들은 '저런 미친놈이 다 있냐?'라고 하겠지만, 우리는 그의 말에 주목할 필요가 있다. 이것은 '팩트(fact)'를 떠나서 그가 느끼고 있는 '심리적인 진실'일 수 있다는 것이다.

그의 성장 과정이 어땠는지는 모르겠으나 왜 그토록 분노했는지, 그의 생각은 왜 그렇게 왜곡되어 있는지를 생각해보아야 한다. 이들이 이런 생각을 하도록 우리 사회가 일조한 것은 아닌지, 누군가가 절실히 도움이 필요할 때, 누군가가 학대받고 있을 때, 침묵하고 있지는 않았는지 말이다. 우리 모두를 위해 진지하고 엄숙하게 반성해보아야 할 때다.

우리들의 일그러진 영웅, 배트맨과 조커

어둠의 기사 vs. 절대 악

다크 나이트 The Dark Knight, 2008

감독: 크리스토퍼 놀란

출연:

크리스찬 베일
브루스 웨인 역

히스 레저
조커 역

S#1 고담시의 배트맨

정의로운 지방 검사 하비 덴트, 짐 고든 반장과 함께 범죄 소탕 작전
을 펼치며 범죄와 부패로 들끓는 고담시를 지켜나가는 배트맨. 고
담시에서 살아남기 위해 발버둥 치던 범죄 조직은 배트맨을 제거하
기 위해 광기 어린 악당 조커를 끌어들인다. 정체를 알 수 없는 조커
의 등장에 고담시 전체가 깊은 혼돈 속으로 빠져든다.

191

S#2 사상 최악의 악당 조커

급기야 배트맨을 향한 강한 집착을 드러낸 조커는 배트맨이 시민들 앞에 정체를 밝힐 때까지 매일 새로운 사람들을 죽이겠다 선포한다. 배트맨은 사상 최악의 악당 조커를 막기 위해 자신의 모든 것을 내던진 마지막 대결을 준비한다.

영화 〈다크 나이트〉에는 배트맨과 조커가 등장한다. 최악의 악당 조커가 되는 아서 플렉은 부모의 학대를 받으며 자랐다. 그가 말하기를 아버지는 술주정뱅이였고 어느 날 신변의 위협을 느낀 어머니가 칼을 휘둘렀지만 아버지가 칼을 빼앗아 어머니를 죽이고 자신의 입을 칼로 베어 지금의 얼굴, 즉 자신의 의지와 상관없이 웃는 얼굴로 만들었다고 한다. 그러니까 그는 자신의 감정과 상관없이 늘 웃고 있는 것이다.

겉으로는 웃고 있으며 분노와 같은 다른 감정을 숨기는 경우가 있는데, 이를 반동형성(reaction formation)이라 한다. 웃음의 의미가 분노를 위장하는 것일 때, 우리는 그 위험을 감지할 필요가 있다. 화가 날 때 웃는 사람을 조심하라는 말도 있지 않은가. 조커는 괴기스러운 얼굴을 광대 분장으로 더 희화화했지만, 그의 얼굴 이면에 도사린 분노는 세상을 향해 있다.

영화 〈조커〉에서는 조금 다른 이야기가 전개된다. 왜 아서 플렉이 조커가 될 수밖에 없었는가를 진지하게 다룬다. 지금까지의 조커는 배트맨이 나오는 영화의 양념 같은 존재였을 뿐이었다. 아

| 영화 〈다크 나이트〉 스틸

무렇지 않게 사람을 죽이고 낄낄대며 배트맨과 그의 추종자들을
조롱하는 광대이자 악마 같은 존재로만 인식했을 뿐인데, 그의 어
린 시절과 그 내면을 들여다보는 영화라니… 솔직히 별로 내키지
않았다. 그러나 그의 히스토리, 즉 성장 과정을 들여다보면 그의
행동에 동조하든 아니든 연민의 정을 느끼게 된다. 영화 〈조커〉에
대해서는 뒤에서 더 자세하게 살펴볼 것이다.

배트맨과 조커는 운명의 경쟁자 관계에 있다. 좋든 싫든 그들
은 빛과 그림자처럼 연결되어 있다. 조커가 없는 배트맨을 상상하
기 어렵고 배트맨 없는 조커 또한 힘을 잃는다. 그럼에도 불구하
고 조커는 배트맨이라는 영웅을 부각하기 위한 역할로서 존재해
왔다. 먼저 배트맨에 대해서 살펴보자.

PART 4 영화관에서 범죄를 읽다

영웅의 탄생

배트맨(batman)의 'bat'는 '박쥐'를 의미한다. 하필이면 왜 박쥐인 가에 늘 의구심을 가졌지만 히어로물을 별로 좋아하지 않은 탓에 그 의문은 쉽게 수면 아래로 가라앉았다가, 영화 〈조커〉를 보면서 다시 그러한 의문점이 되살아났다.

박쥐는 날 수 있게 진화한 유일한 포유동물로 세계 각지에 분 포하고 있다. 우리나라에는 21종의 박쥐가 살고 있다고 한다. 대 부분의 박쥐는 식충성인데 어떤 박쥐는 열매, 꽃가루, 꿀을 먹기 도 하며, 열대 아메리카의 흡혈박쥐는 포유동물이나 큰 새의 피를 먹는다. 거의 모든 박쥐는 낮에 자고 밤에 먹이를 잡으러 돌아다 닌다. 박쥐는 일반적으로 동굴, 바위 틈, 굴속 등 격리된 잠자리를 좋아한다고 한다.[*]

박쥐는 어둠의 세계를 대표하는 동물 중 하나다. 어둠은 빛과 대비되는 것으로 선과 악이라는 이분법적 세계에서는 악의 영역 에 속한다. 인류 보편적으로 뱀과 같이 사악한 존재로 여겨지는 상징적인 존재 중 하나라고 할 수 있다. 그런 존재에 대한 일종의 호기심과 함께 두려움과 공포는 항상 공존한다. 이를 심리학자 융 은 '집단 무의식'의 개념으로 설명했는데, 인류 보편적으로 느끼는 공통된 분모가 존재한다는 것이다. 새도 아닌 것이 날아다니면서

---

[*] 출처: Daum 백과 '박쥐' 항목

주로 밤에만 활동하는 생명체는 우리에게 해롭기도 하고 아니기도 한, 묘한 지점에 있는 존재를 의미하기도 한다. 그래서 '박쥐 같다'라는 의미는 여기에도 저기에도 속하지 않고 기회를 보는 기회주의자로 표현되기도 한다.

배트맨 브루스 웨인은 어린 시절 우물 안으로 떨어진다. 그리고 우물과 연결된 동굴에 살던 박쥐 떼를 경험한다. 그것은 부모의 죽음과 함께 항상 그의 트라우마로 존재한다. 박쥐가 사는 동굴이 미지의 세계이자 한편으로는 가장 안전한 곳을 상징하듯, 박쥐 또한 이러한 이중성을 내포한다. 선하지도 악하지만도 않은 존재, 그것은 인간성과도 연결되어 있다.

배트맨은 실제로는 존재하지 않는 '고담'이라는 도시에 살면서 악과 정면 대결을 벌인다. 그러나 영화에 등장하는 악당들이 절대적인 악을 상징하는가? 그들을 제거한다고 해서 악이 절멸될 것인가? 이에 대해서는 회의감을 갖게 된다. 이분법적인 세상에서 이들을 연결하는 이중적인 존재인 박쥐는 인간을 의미하는 것일 수 있고, 순수한 소년이 성숙한 어른이 되기 위한 통과의례와 같은 어떤 것일 수 있다. 아이는 선한 것, 좋은 것만이 세상에 존재한다고 믿지만, 세상은 그렇지 않다는 것도 배워야 한다.

영화 〈몬스터 콜〉에서 괴물이 들려주는 이야기에 나오는 왕자는 자신의 사랑하는 여인을 죽이고 왕이 된다. 이후 그는 훌륭한 왕으로 칭송받는다. 이 이야기를 들은 아이는 "그건 옳지 않다. 그는 나쁜 사람이다."라고 주장하지만, 괴물은 인간은 선하지만도

195

| 영화 〈배트맨 비긴즈〉 스틸

악하지만도 않은 존재라고 말해준다. 그걸 깨닫는 순간이, 불편한 진실을 받아들이는 것이 어른이 되어가는 과정이다.

영화 〈배트맨 비긴즈〉에는 이런 과정이 고스란히 담겨 있다. 부모의 죽음을 목도한 소년 웨인은 그 충격에서 벗어나지 못하고, 이후에는 스스로 부랑자로 살며 자신을 죽인 사람들을 이해하고자 한다. 절도와 폭행 등을 일삼으며 사는 그의 모습이 마치 청소년기의 질풍노도의 시기처럼 불안정하게만 보인다.

웨인은 그곳에서 만난 한 남자 듀커드를 통해 새로운 세계를 접하게 된다. 처음으로 접하게 된 폭력적이고 불법적인 세계에서 그는 다시 고뇌한다. 그러나 웨인은 그들의 제안을 거절하고 자신의 세계로 다시 돌아온다. 그는 '악'의 세력에 대항할 힘을 가지고 있었기에, 이를 극복하고 자신의 내면에 도사리고 있는 복수와 죄책감을 수용하기 시작한다. 그가 영웅이 될 수 있었던 이유는 이런 모든 것을 인식하고 받아들일 수 있는 내적인 힘이 있었기 때문이다. 그리고 이는 그가 살아가는 힘의 원천이기도 하다.

너무나 파괴적인, 그러나 슬픈 조커

조커 Joker, 2019
감독: 토드 필립스
출연:

호아킨 피닉스
아서 플렉/조커 역

S#1 미쳐버린 세상 속 광대

고담시의 광대 아서 플렉은 코미디언을 꿈꾸는 남자다. 하지만 모
두가 미쳐가는 코미디 같은 세상에서 맨정신으로는 그가 설 자리가
없음을 깨닫게 된다.

S#2 숨어 있는 본능이 깨어나다

아서 플렉은 코미디언이 되는 것이 꿈이다. 광대 분장을 하고 사람
들 앞에 나서지만 그에게는 치명적인 단점이 있다. 한번 웃음이 터
지면 웃음을 멈출 수가 없다는 것. 어렸을 때 학대를 받아 뇌를 다친
이후로 시도 때도 없이 웃음이 터지는데, 그의 웃음은 발작과 비슷
하다.

197

그러던 어느 날 지하철을 타고 이동 중에 또다시 웃음이 터졌다. 자신들을 조롱한다고 여긴 세 명의 남자들로부터 폭행을 당하던 중 우발적으로 그들을 총으로 쏴죽이게 된다. 그러면서 그의 인생은 완전히 달라진다. 광대 분장을 한 채로 사람을 죽이고 그는 도망치듯 그곳을 빠져나온다. 그 자신도 모르는 숨어 있는 본능이 깨어난다.

배트맨에 비해 조커는 어떤가. 영화 〈조커〉에서는 조커가 주인공이다. 놀랍게도 배트맨은 등장하지 않는다. 철저하게 인간 아서의 내면에 초점을 맞춘다. 배트맨에서 조커는 악행이 주로 다루어지지만, 여기에서는 그의 성장 과정 등에 대해서도 비교적 상세히 다룬다.

우리들의 일그러진 영웅

그가 사람들을 즐겁게 하려고 하는 이유는 그렇지 않으면 우울해지기 때문이다. 우울함을 인정하고 받아들이는 것은 자신의 삶을 받아들이는 것과 같은데, 고통으로 얼룩진 자신의 인생을 그는 수용할 자신도 능력도 없는 것이다. 그에게 웃음과 코미디는 자신의 고통스러운 삶을 버텨주는 유일한 희망이었다. 하지만 우발적으로 일어난 살인으로 인해 그는 자신을 다시 돌아보게 된다.

'어차피 바뀔 수 없는 인생이라면 내 마음대로 내키는 대로 살
아보는 거지, 뭐…' 이렇게 생각했을지도 모른다. 자신을 무시하
고 괴롭히던 사람들에 대한 증오와 분노가 살인으로 이어지면서
그는 묘한 쾌감을 느낀다. 그것이 자신이 가진 특별한 재능처럼
느껴지기까지 한다.

"내 인생이 비극인 줄 알았는데 알고 보니 코미디였다."

자신의 유일한 가족인 줄 알았던 어머니조차 친모가 아닌 자신
을 입양한 양부모였고, 어려서 폭행을 당하는 상황에 그를 방치해
그 충격으로 웃음을 참을 수 없는 병이 생겼다는 사실도 알게 된
다. 그는 어머니가 망상장애에 자기애성 인격장애자라는 것을 뒤
늦게 알고 절망에 빠진다. 병원에 입원한 양모를 찾아가 처음으로
그는 진실한 대화를 한다. "엄마는 내가 이렇게 된 것은 다 내 탓
이라고 했지만, 그건 사실이 아니었다. 난 단 한순간도 행복한 적

이 없었다."라고 말이다.

자기 손으로 양모를 살해한 후 그는 망상에서 벗어난다. 그의 망상은 양모로부터 비롯된 것이었고 그를 잠시라도 행복하게 만들기도 했지만, 그는 단호히 망상의 세계와 단절을 선언한 것이다 (실제로 가까운 사람들은 망상을 공유하기도 한다).

자신의 아버지라고 생각했던 남자(웨인의 아버지)로부터 너의 엄마는 정신병자이며 너는 입양되었다는 이야기를 듣고 그는 완벽하게 무너진다. 그리고 그는 조커라는 이름으로 다시 태어난다. 그렇게 그는 우리들의 일그러진 영웅으로 재탄생하게 된다.

악인의 탄생이 의미하는 것

배트맨의 가면은 자신과 타인을 위한 것으로 진짜 자기와 사회적으로 보이는 또 다른 자기로서 존재한다. 심리학자 융이 말하는 사회적 가면(페르소나)을 웨인은 적절히 활용할 줄 안다. 낮에는 막대한 부를 가지고 파티나 즐기는 CEO로, 밤에는 가면을 쓰고 악인들을 처단하는 배트맨으로 활약한다. 그리고 가면을 벗은 그는 온전한 자신으로 돌아온다.

그에 비해 조커의 광대 분장은 바로 그 자신이 되어버렸다는 점에서 다르다. 그는 사회적 자기와 실제 자기와의 간극도 차이도 존재하지 않게 만들었다. 그에게는 배트맨의 웨인처럼 자신을 보

| 배트맨과 조커
배트맨은 가면을 벗는 순간 온전한 자신으로 돌아오지만(위), 조커는 광대 분장이 바로 그 자신이 되어버린다(아래).

호하고 지켜줄 그 어떤 것도 없기 때문에 조커로서의 정체성만이 존재하게 되는 것이다.

영화 〈조커〉는 지금까지 아무도 관심 가지지 않았던 인물에 대해 조명한다. 그가 조커 분장을 하고 계단을 내려오면서 추는 막춤은 경쾌한 음악에 맞지 않는 엇박자와 과도한 몸짓이 주는 억지스러움으로 인해 그의 눈에 맺힌 눈물처럼 처연하기만 하다.

사회적인 약자가 할 수 있는 것이 무엇이 있을까 생각해본다. 조커는 웨인이 가지고 있는 부, 사회적 지위, 가족, 배경 그 어떤 것도 갖지 못했다. 그런 그가 모든 걸 다 가진 웨인과 같은 인물을 보며 어떤 생각을 할까? '자신은 가족으로부터 사회로부터 버림받았다.' '이런 사회는 망해도 좋다.' 뭐 이런 생각을 하게 되지 않았을까 추측해본다.

다행히도 조커는 영화 속 인물에 불과하다. 그러나 이 영화는 악인의 탄생은 개개인의 문제만은 아니라는 엄중한 경고를 우리에게 주는 것이 아닐까 싶다.

좀비가 되어버린 사람들

왜 좀비인가?

코미디, 유머와 해학 그 어디쯤…

PART 5

영화관에서
공포·코미디를 읽다

좀비가 되어버린 사람들

왜 좀비일까?

개인적으로 이해하기 어려운 사람들이 공포물 마니아들이고, 그 중에서도 '좀비물' 마니아들이다. 그저 독특한 취향을 가진 오타쿠 정도로만 생각했는데, 최근 그 생각이 바뀌기 시작했다. 그저 공포를 즐기기 위한 것만이라고 생각했는데 그렇게 열광하는 이유가 무엇인지 호기심이 생겼다고 할까. 생각해보면 짜릿함을 즐기기 위해 롤러코스터나 각종 익스트림 게임을 즐기는 심리와 뭐가 다른가.

게다가 한국형 좀비물의 등장이 내 생각을 바꾸는 데 한몫을 톡톡히 했다. 한국의 정서가 들어간 한국 좀비, 심지어 조선 시대의 좀비까지 등장하면서 앞으로 어떤 모습으로 스펙터클하게 변모할지 기대된다.

207

전대미문의 바이러스와의 사투

부산행 TRAIN TO BUSAN, 2016

감독: 연상호

출연:

| 공유 | 김수안 | 정유미 |
| 석우 역 | 수안 역 | 성경 역 |

S#1 부산을 향해

펀드 매니저 석우는 오늘도 바쁘다. 그러다 별거하는 아내와 통화
하던 중 딸 수안의 생일이라는 사실을 알게 된다. 뒤늦게 생일 선물
을 준비하지만, 그마저도 얼마 전 어린이날 이미 선물한 것이었다.
수안은 엄마가 보고 싶다며 아빠가 안 보내주면 혼자라도 엄마를 만
나러 가겠다고 고집을 부린다. 어쩔 수 없이 석우는 수안을 엄마에
게 데려다주기로 한다.

새벽에 부산행 열차를 타기 위해 차를 운전해 가는데 갑자기 끼
어드는 차들. 어디선가 불이 났는지 소방차들이 연이어 달려가고
그 뒤를 이어 앰뷸런스와 경찰차가 뒤를 쫓는다. "무슨 일이야?"

S#2 부산행 열차

열차에 무사히 탑승한 석우와 수안, 사람들도 하나둘 자기 자리를
찾아 앉고 열차는 출발한다. 출발 직전 어딘가 다친 듯한 젊은 여성

이 마지막으로 탑승한 채로. 정체불명의 바이러스에 감염된 젊은 여성으로 인해 열차에는 어디에도 경험한 바 없는 끔찍한 일들이 벌어진다. 석우는 수안을 데리고 무사히 부산까지 갈 수 있을까?

우리나라에서 만든 최초의 좀비 영화로 〈부산행〉이 있다. 영화를 보기 전까지 뜬금없이 우리나라에 좀비가 나타난다는 가정은 아무래도 어울리지 않는다고 생각했다.

내가 좀비를 싫어하는 것은 그 맹목성 때문이다. 바퀴벌레조차도 위기 상황이 되면 도망친다. 그러나 좀비들은 그저 움직이는 물체를 향해 덤벼드는 불나방과 같은 존재로 표현된다. 아무리 때려죽여도 다시 달려들고 다시 달려드는 거머리 같은 존재는 생각만 해도 끔찍하다. 인간의 형상을 했지만 이지가 없고 양심과 죄책감, 심지어 두려움과 공포심마저 없는 존재가 바로 좀비다.

현대의 좀비

이런 존재가 가능할지 의문스러울 수도 있지만, 지적장애가 있거나 심각한 정신 분열(조현병) 환자나 치매 환자들의 경우 흡사 좀비처럼 비춰질 수도 있다. 그래서 과거 지적장애나 정신병자들 또는 가사 상태로 만든 사람들을 좀비같이 여겨 노예로 부려 먹었다는 이야기도 있다.

| 영화 〈부산행〉 스틸
영화 속 맹목성을 가진 좀비들

영화 〈부산행〉에서 좀비들에게 쫓기던 사람들이 좀비가 문을 열 수 없다는 사실을 알고 문을 잠그지 않고도 열차 칸 안에 가두는 장면이 나온다. 어떻게 문을 못 여나 싶겠지만, 심각한 인지장애나 실행장애가 있다면 불가능한 것도 아니다. 더 나아가 영화 속 의문의 바이러스가 인간의 뇌에 침투해서 이성을 마비시키거나 뇌를 파괴해서 본능과 관련된 기능만 살아 있다면, 인간은 생존을 위해서만 사는 무지막지한 존재가 되어버릴 수도 있는 것이다.

생각해보면 그것이 정말 우리와 전혀 상관없는 모습일지, 문득 의문이 생긴다. 요즘에는 TV나 유튜브 등 대부분 동영상 콘텐츠가 온통 먹고 마시고 또 먹고 마시는 것들로 채워져 있다. 인간에게 먹는 것만큼 중요한 것은 없겠으나, 우리가 먹기 위해서만 산다면 좀비랑 다를 것이 뭔가? 매일 반복되는 일상, 밤새 작업하고 늦도록 술에 취해 잠이 들고 아직 숙취로 비틀거리며 출근하는 사람들의 얼굴은 좀비와 다를 바가 없다.

좀비는 그나마 낫다. 그것은 그래도 실체라도 있으니. 그러나 눈에 보이지 않는 코로나19와 같은 바이러스가 창궐하니 우리는 무방비 상태에서 공포에 떨어야 했고, 자신이 감염체인지도 모르고 돌아다니던 사람들은 격리 조치가 된 이후에 그 사실을 알고 죄책감에 시달려야만 한다.

그래도 기차는 달린다

내가 아주 어렸을 때, 강렬하게 기억나는 만화영화 중 하나는 〈엄마 찾아 삼만리〉다. 제목처럼 아이가 엄마를 만나기 위해 험난한 여행을 계속하게 된다는 내용인데, 어린아이들이 보기에는 부적절한 공포감을 심어주기에 나이 제한을 두는 것이 좋지 않았을까 싶다. 그 시절 왜 아이와 엄마가 헤어져 고통스러워하는 내용의 영화나 만화영화가 많았는지 모르겠다. 영화 〈미워도 다시 한번〉에서도 아이가 엄마와 생이별하고 엄마를 그리워하며 고통스러워하는 장면들이 나온다.

〈엄마 찾아 삼만리〉의 이야기를 다시 떠올려보면 아이는 어려서 어머니와 헤어진다. 엄마는 아름답고 착한 여성으로 묘사되는데, 사실 현실에서는 찾아보기 힘든 캐릭터로 다소 이상화된 어머니상을 보여준다. 어쩌면 이 캐릭터는 현실의 어머니상이라기보

다는 우리가 마음속에 품고 있는 모성이라는 노스탤지어를 형상
화한 것인지도 모르겠다는 생각이 든다. 마치 남성들의 마음속에
성녀와 같은 그 무엇이랄까.

두 사람의 운명은 늘 엇갈리고 안타까운 이별을 반복하고 반복
했다. 나는 만화를 보는 내내 '오늘은 엄마를 만날 수 있을까.' 마
음을 졸였고, 기대와 실망이 교차했던 기억이 난다.

엄마를 찾아 여행을 나선 아이는 어느새 성숙한 아이가 되어간
다. 더 이상 엄마를 찾아다니며 울고불고하던 어린아이가 아니
다. 이것이 의미하는 것은 엄마, 즉 모성은 우리가 끝까지 버릴 수
없는 어떤 것이며, 우리의 마지막 희망과 같은 것이다. 우리는 희
망을 향해 나아가기에 인생이라는 험난한 여정을 버텨낼 수 있는
것일 수 있다. 희망이 사라지면 모든 것이 끝나기 때문이다.

부모의 사명과 아이의 성장

영화〈부산행〉에서 아이가 부산을 가야만 하는 이유는 '엄마'를 만나기 위해서다. 이제 엄마를 만나야 한다는 절대적인 목표가 정해졌다. 아이는 어리고, 여정에서 어린아이를 돌보아줄 수호자가 필요하다. 그 존재는 언제나 묵묵히 곁에서 아이의 방패막이가 되어주는 아빠의 몫이 된다. 아이를 위협하는 악마 같은 괴물 좀비들을 피해 아이를 무사히 엄마 품으로 돌려보내야 한다는 사명이 아빠에게 주어진다.

아이가 아빠에게 묻는다. "아빠는 안 무서워요?" 그러자 "아빠도 무서워(하지만 네가 있어서 아빠는 견딜 수 있고, 아빠는 널 지키는 것이 더 중요해)." 하며 어린 딸을 다독인다. 남자에서 아빠로 재탄생하는 순간, 즉 진정한 '영웅'의 모습이 이런 것이 아닐까 생각했다.

방금 자신의 머리를 쓰다듬어주던 사람들이 죽고 괴물이 되어가는 광경은 아이에게 충격 그 자체지만, 생각해보면 우리는 어려서부터 만나고 경험하는 많은 일들을 통해 충격을 받으면서 서서히 어른이 되어왔다. 그러니 이 또한 아이에게는 삶의 한 모습으로 받아들여질 수도 있다는 생각이 든다.

인간들의 추악한 행태들을 지켜보면서 '나는 저렇게 되지 말아야지.' 하고 결심하지만, 어느 순간 자신도 그들과 다를 바가 없다는 것을 인식했을 때는 너무 늦어버렸다. 영화 속 좀비들은 우리의 뒤틀린 욕망을 여과 없이 보여준다. 겉으로는 젠틀한 척, 착한

213

| 영화 〈부산행〉 스틸

척 위장한 그들이 바이러스에 감염되면서 본연의 추악한 모습을 드러낸 것일 수 있다는 이야기다.

다시 돌아와 왜 하필 '부산'일까 생각해봤다. 부산은 우리나라 제일의 항구 도시로 드넓은 바다를 마주하고 있다. '바다'가 모성을 상징하기도 한다는 것을 고려해볼 때 떨어져 있는 엄마와 바다는 아이에게는 절대성을 부여한다. 그렇기에 서울과 부산이라는 짧다면 짧기도 하고 멀다면 멀기도 한 험난한 여정을 영화가 내포하고 있는 것일 수 있다.

영화에서 아이는 엄마와 아빠 사이에서 연결고리이면서 갈등 관계에 놓여 있는 대상이 된다. 그러나 아이가 엄마를 찾아가겠다고 마음먹은 순간, 그 의지는 스스로 인생길을 개척하기 위한 선택이듯, 아빠는 묵묵히 아이를 목적지까지 무사히 데려다주어야 하는 역할만 부여될 뿐이다. 죽음을 불사하고 좀비들을 뚫고 자신의 아이를 지키기 위해 사력을 다하는 모습은 전쟁터의 무사가 보여주는 모습과 흡사하다. 피범벅이 된 자신의 모습에 문득 서러워지기도 하지만 그것도 잠시, 내 아이를 무사히 지켜야 한다는 생각에 다시 정신을 차린다.

목적지에 가까워지고 아이가 무사히 엄마를 만나러 갈 즈음, 아빠는 어쩔 수 없이 아이에게 이별을 고한다. 아비로서 해줄 수 있는 역할을 충실히 다했기 때문에 그의 죽음은 생사여탈을 떠나 아이에게는 분리와 독립의 의미로서도 해석될 수 있을 것이다.

왜 좀비인가?

살아남을 자, 누구인가

킹덤 Kingdom, 2019

연출: 김성훈(시즌 1), 박인제(시즌 2) | 극본: 김은희

원작: 윤인완 웹툰 〈신의 나라〉

출연:

주지훈
이창 역

배두나
서비 역

류승룡
조학주 역

S#1 죽은 왕, 다시 눈을 뜨다

물고기 형상을 한 수의. 물고기 비늘처럼 하나하나 정성스럽게 누군가의 시체가 보존되어 있고 그중 하나를 빼내니 왕의 상징 곤룡포가 드러난다. 잠시 후 푸른빛의 꽃을 정성스레 달고 나서 온몸에 침과 부항을 뜬다. 연기가 자옥하게 올라가며 죽은 왕은 눈을 뜬다.

S#2 조선왕조 궁궐 안

어느 늦은 밤, 머리가 하얀 어의가 아직 솜털이 보송보송한 어린 제자를 데리고 조심스럽게 궁궐 안으로 들어간다. 제자를 향해 몸을 살짝 돌려 "절대 안을 들여다보면 안 된다."라며 나지막하지만 강하게 경고한다. "네." 아이는 안절부절못하며 왕이 잠이 든 침소에 들어간다.

적막하고 스산한 기운이 감도는 침소에 왕이 마실 탕제를 들이던 순간 이상한 신음 소리가 들리고, 겁에 질린 아이는 누군가에게 끌려들어 간다.

S#3 의원실

어의로 차출되었던 의원이 수레를 끌고 들어온다. 장례 준비를 하라는 말만 남기고 의원은 자신의 방으로 들어간다, 의문의 수레를 열어보니 얼마 전 의원을 따라간 제자다. 모두 놀라는데, 자세히 보니 무엇에 여기저기 물어뜯긴 흔적이 있고 손가락 한두 마디가 절단되어 있다. "어찌 이런 일이…"

며칠 후 자리를 뜬 의녀가 의원으로 들어가자 사람들이 즐겁게 음식을 나누어 먹고 있다. 누군가가 음식을 더 달라고 해 들어간 부엌에서 발견한 것은 사람의 인육을 끓인 탕이다. 얼마 지나지 않아 그 음식을 먹은 사람들이 구토하며 쓰러지고 잠시 후 좀비가 되어 사람들을 공격하기 시작한다.

217

| 드라마 〈킹덤〉 스틸

넷플릭스를 통해 공개된 〈킹덤〉은 전 세계적으로 선풍적인 인기를 끌었고, 시즌 1과 2를 제작했고 현재 시즌 3을 준비 중인 것으로 알려져 있다. 조선 시대를 배경으로 한 좀비물이라니, 소재만으로도 매우 신박하다고 생각했다. 그런데 퀄리티 또한 대단하다. 시즌 1과 2를 며칠 밤을 꼬박 새워가며 보아도 그 시간이나 노력이 전혀 아깝지 않았다.

한국형 좀비의 등장

좀비(zombie)는 일부 아프리카(카리브해) 지역 종교와 공포 이야기에서 나오는 되살아난 시체를 의미한다. 시체는 죽은 사람의 몸이다. 그 죽은 사람들이 다시 살아서 움직인다는 것 자체가 공포가 아닐 수 없다. 살아난 자들은 이전의 인간성을 상실한 채 오로지 본능에 의해서만 움직인다. 사람의 형상을 하고 움직이며 무언가에 반응하는 것은 사람과 같으나, 이성도 감정도 잃고 오로지 본능만을 추구하는 것은 사람이라 하기 어렵다. 마치 로봇이 사람의 형상을 하고 있지만 사람이 아니듯, 불쾌한 골짜기 이론*을 연상하게 만든다.

처음 좀비물을 접했을 때 소름 돋던 불쾌감이 바로 이런 데서 연유하는 것인지 모른다. 중국에도 이런 비슷한 것들이 존재한다. 바로 '강시'다. 죽은 사람들을 누군가가 불러내면 그들은 사람들을 공격하는 무시무시한 괴물이 되어버린다.

1932년 〈화이트 좀비〉가 최초로 상영된 이후에 수많은 좀비 영화가 제작되었지만, 내가 기억하는 좀비 영화는 〈레지던트 이블 2: 아포칼립스〉나 〈나는 전설이다〉 정도다. 평소 좀비물에 관심이 없었는데, 한국형 좀비물이 등장하며 전 세계적인 주목을 끄는 현상에 흥미가 생기기 시작했다.

최근 코로나19가 전 세계를 팬데믹 상황으로 유린하면서 좀비라는 존재가 어느 한 국가나 문화권에서만 존재하는 것이 아니라는 설정은 어느새 설득력을 얻게 되었다. 코로나19는 중국 우한에서 최초로 발생했지만, 지금처럼 전 세계인들이 국경을 넘나들

---

* 불쾌한 골짜기 현상은 인간이 로봇이나 인간이 아닌 것들에 대해 느끼는 감정에 관련된 로봇공학 이론이다. 1970년 일본의 로봇공학자 모리 마사히로가 처음 소개한 이 이론에 따르면 로봇이 사람의 모습과 비슷해질수록 인간이 로봇에 느끼는 호감도가 증가하지만, 그 유사성이 '어느 정도'에 도달하게 되면 오히려 강한 거부감을 유발하게 된다. 이 불쾌함은 '살아 있는 것처럼 보이는 존재가 정말 살아 있는 건지, 아니면 반대로 생명이 없다고 여겨진 존재가 마치 살아 있는 건 아닌지 하는 의심'이라고 한다.

| 한국형 좀비

드라마 〈킹덤〉(왼쪽)과 영화 〈반도〉(오른쪽)의 좀비. 〈반도〉의 좀비는 〈부산행〉보다 더 강하고
빨라졌다.

며 활발하게 살아가는 지구촌에서 이제는 전통적인 국경의 의미
가 희미해지고 있다.

그런 의미에서 좀비물의 전 세계적 인기와 더불어 한국형 좀비
물의 등장은 불특정한 다수에게, 즉 누군가에게 언제 어디서 벌어
질지도 모르는 공포와 맞닥뜨려 싸워야 한다는 현실의 반영일 수
도 있다. 전염 그 자체가 되어버린 사람들은 서로를 물고 뜯으며
병을 전파한다. 그들은 조금 전까지 같이 대화를 나누던 가족일
수도 있고 친구일 수도 있고 직장 동료일 수도 있다. 가까운 사람
들이 갑자기 돌변해 나를 공격한다면 그 충격은 말로 표현하기 어
려울 것이다. 좀비는 전염병을 형상화한 것이라 볼 수 있지만, 우
리는 그 형상화된 '괴물'에 집중한다.

구체화된 공포와 불안

공포와 불안은 여러 면에서 비슷하면서도 다른 기본적인 정서다. 불안은 앞으로 일어날 것에 대한 것이라면 공포는 즉각적인 위협에 대한 것이다. 그래서 위협이 사라지면 공포 또한 사라진다.

이런 공포와 불안은 불유쾌한 정서지만 그럼에도 불구하고 우리에게 유익한 정서다. 위험을 감지하고 그것을 피하라는 신호이기 때문이다. 공포와 불안은 교감신경계를 활성화시킨다고 알려져 있는데, 위협이 사라지면서 우리는 안도감을 느끼게 된다. 이런 반응 때문에 공포물을 보게 된다는 이야기도 있다. 밖으로 나가 오랜 시간 고생을 하고 돌아온 집에서 느끼는 안락함 같은 것이랄까. 그런 스릴을 즐기기 위해서 사람들은, 특히 여름이 되면 공포물을 보며 등줄기가 오싹해지는 느낌을 받으며 더위를 날려버리려고 하는지도 모른다.

그러나 그것만으로는 설명이 부족하다. 〈부산행〉이나 〈킹덤〉에 등장하는 인물들의 면면을 살펴보면 그 이유가 좀 더 분명해진다. 각각의 욕망을 가진 사람들이 자신의 욕망을 실현하기 위해 때로는 위험한 상황을 이용하기도 한다. 이면에 깔린 인간들의 욕망이 타인을 위험에 빠뜨리게 하는 것이다. 그런 인간들로 인해 만들어진 위험을 알아차리고 그 위기를 탈출하는 것이 대부분의 공포 영화의 스토리다. 욕망의 덩어리들은 때로는 좀비와 같은 괴물로 구체화되고 형상화되어 나타나 우리를 위협하는 것

221
●

처럼 보인다. 실제로 존재하지 않거나 그 실체를 확인하기 어려운 것들이다.

또한 영화 〈곡성〉처럼 인과응보나 권선징악과 같은 인간이 정한 규범과 상관없이 예측할 수 없는 위험들이 도사린 공포들은 여전히 우리의 의식 어딘가에서 두려움과 불안으로 남아 있다. 이런 인간의 욕망을 보다 직접적으로 다룬 드라마가 있다. 〈스위트홈〉에서는 정체불명의 괴물들이 출몰한다. 사람들은 자신이 감염되었을지도 모른다는 공포에 휩싸이고 서로를 의심하며 하나둘 죽어간다. 그들을 죽음에 이르게 하는 그것은 무엇인가?

죽거나 괴물로 살아남거나

스위트홈 Sweet Home, 2020
감독: 이응복, 장영우, 박소현 | 극본: 홍소리, 김형민, 박소정
원작: 웹툰 김칸비 〈스위트홈〉
출연:

송강
차현수 역

이진욱
편상욱 역

이시영
서이경 역

S#1 어느 허름한 아파트 앞

현수가 추리닝 차림에 배낭을 메고 걸어가고 있다. 순간 아슬아슬

222

| 드라마 〈스위트홈〉 스틸

하게 현수를 스쳐 날아와 간판에 박히는 쇳조각. 잠시 후 경비 아저
씨가 다가와 미안하다며 사과를 한다. 그러면서 혼자냐고 묻는 말
에 현수는 작은 소리로 "혼자예요." 하고 집으로 들어선다. 텅 빈 집
에 혼자 앉아 있는 현수.

아까 그 경비 아저씨가 경비실에 있고 한 아줌마가 다가와 생선
박스를 건넨다. 감사하다고 받아든 박스를 열자 썩은 내가 진동한
다. 입을 틀어막자 코에서 코피가 주르륵 흘러내린다. 뭔가 느낌이
싸하다.

S#2 옥상

현수는 옥상으로 올라간다. '그냥 확 죽어버릴까….' 뛰어내리려 난
간 위에 올라선 순간 한 소녀가 발레를 하는 모습을 보게 된다. 잠시
넋을 잃고 지켜본다. 소녀는 현수가 자신을 쳐다보든지 말든지 상
관없이 춤을 추다가 껌을 밟고 멈춘다. "아… 씨." 확 깬다. 그제야

현수를 발견하고는 "야, 너냐?"라고 묻는다. 그러더니 현수의 모습을 보고 말한다. "야, 여기서 죽지 마… 딴 데 가서 죽어!"

다시 집으로 돌아오는데, 아까 그 경비아저씨가 자신의 집 문 앞에서 안을 들여다보고 있다. 뭔가 이상하다.

S#3 엘리베이터 앞

기타를 든 아가씨 앞에 유모차를 미는 여성이 다가온다. 그러나 유모차 안에 아이가 없다는 것을 알고 당황하는데, 한 남자가 다가와 여자의 아이가 얼마 전 사고로 죽었음을 알려준다. 뭔가 비밀이 있는 듯한 아파트 주민들. 이후 문을 열어달라고 애원하는 한 여성이 등장하고 아파트에는 점점 이상한 일들이 벌어진다.

은둔형 외톨이 고등학생 현수는 가족을 잃고 이사 간 아파트에서 기괴하고도 충격적인 일들을 겪는다. 상가가 연결된 허름한 아파트에 사는 주민들. 아파트에서 상가로 연결된 현관문이 닫히자 사람들은 아파트 내에 갇히게 되고, 각자의 사연이 있는 듯한 사람들은 어쩔 수 없이 같은 공간에 모이게 된다.

어렵게 상가로 연결되는 셔터를 열자 기괴한 모습을 한 거인이 나타난다. 거인은 입안에서 긴 혀를 내뿜어 사람을 죽이고 공격한다. 사람들은 힘을 합쳐 괴물을 내쫓는 데 성공한다. 자신들이 본 것이 무언인지 실체를 확인하기도 전에 또 다른 괴물들이 출몰한다. 그러나 괴물은 그것만이 아니다. 알 수 없는 이유로 사람들이

| 드라마 〈스위트홈〉 스틸
　괴물이 되어버린 사람들

하나둘 이상하게 변하기 시작한다. 그들은 무엇 때문에 괴물이 된
것일까?

개인의 욕망으로 만들어진 괴물

처음에는 이 드라마도 변형된 좀비물이 아닐까 생각했다. 그러나
좀비와는 양상이 다르다. 좀비처럼 바이러스 등으로 감염되는 것
이 아니라 스스로 어느 순간 괴물로 변하기 때문이다. 마치 카프
카의 소설 『변신』의 주인공이 눈을 뜨니 벌레가 되어버린 것처럼,
그 이유를 알 길이 없다. 그러나 이야기가 전개되면서 그 이유가
개개인의 욕망이나 본능과 관련되어 있다는 것을 알게 된다.

현수는 학교에서 왕따를 당하고 괴롭힘을 당하다가 은둔형 외
톨이가 되었다. 방구석에 처박혀 온종일 온라인 게임에만 몰두한

225

채 하루하루를 버틴다. 그러던 중 가족들이 교통사고로 모두 죽었고 그 후 이 아파트로 이사를 온 것이다. 현수를 괴롭히는 것은 세상에 대한 분노와 가족에 대한 원망과 죄책감 등이다. 그러던 어느 날 현수의 코에서 코피가 흘러나온다. 여러 감정이 뒤섞이면서 혼란에 빠진다. 현수 또한 괴물이 될 것인가.

"문명 유지의 필수적인 수준을 넘어서는 과잉 억압의 경우, 공포 영화에서 그 경계성을 문제시하는 괴물이 출현한다." 영화평론가 로빈 우드는 이를 '과잉 억압(surplus repression)'이라는 개념으로 설명한다. 현대사회는 필요 이상으로 개인을 억압하고 있으며 개인은 자기 자신을 억누르며 살고 있다. 사회의 규범에서 벗어날 경우 타자로 규정되어 이질적인 존재, 나아가 괴물로 취급될 수 있기 때문이다. 로빈 우드는 사회적 억압의 형태가 공포 영화에 나타난다고 생각했다. 즉 공포 영화에서는 사회가 억압하거나 금기시하는 것이 괴물(또는 살인마, 유령)의 모습으로 나타나 사람들을 공격한다. 따라서 공포 영화를 보면 당시 사회가 두려워하는 것이 무엇인지 알 수 있다.

이렇듯 공포 영화는 사회가 금지한 것, 사회가 무서워하는 것을 담고 있다. 인간의 본능과 이성 사이의 균열을 파고들며, 인간의 무의식 속에 숨어 사는 것과 사회적 합리성 사이의 불균형을 드러낸다. 그것이 공포 영화라는 형태로 나타났을 때 사람들은 자신이 숨긴 내면과 마주하게 된다. 그리고 정말로 두려워하는 것이 무엇인지 확인할 수 있다.*

드라마 〈스위트홈〉에서는 자신의 욕망, 그러나 드러내서는 안 되는 욕망을 숨긴 채 살아가던 사람들이 어느 순간 괴물로 변하는 설정을 통해 우리가 진정 두려워하고 경계해야 할 것이 무엇인가를 생각하게 만든다.

* 오세섭 지음, 『공포영화, 한국 사회의 거울』, 커뮤니케이션북스, 2020

코미디,
유머와 해학 그 어디쯤…

과연 코미디일까?

원스 어폰 어 타임… 인 할리우드
Once Upon a Time… in Hollywood, 2019
감독: 쿠엔틴 타란티노
출연:

레오나르도 디카프리오   브래드 피트   마고 로비
릭 달튼 역   클리프 부스 역   샤론 테이트 역

S#1 릭 달튼과 클리프 부스

한때 액션 배우로 활약했으나 이제는 불러주는 데가 없는 릭 달튼,

이탈리아에서 섭외가 들어오자 자신을 물로 본다면서 울먹인다. 한

때 미남 배우로 전 세계의 여성들의 마음을 설레게 했지만, 세월에

는 약이 없다고 했나? 변해버린 모습이 조금은 안타깝게 느껴지기

도 한다. 릭의 스턴트 대역이자 매니저 역할까지 소화하는 클리프

부스. 릭과 클리프는 과거의 영광을 되찾기 위해 고군분투하지만 새로운 스타들에 밀려 큰 성과를 거두진 못한다.

S#2 1969년 할리우드

그러던 어느 날 릭의 옆집에 할리우드에서 가장 핫한 로만 폴란스키 감독과 배우 샤론 테이트 부부가 이사 온다. 릭은 새로운 기회가 생길 수도 있다고 기뻐하지만, 그들과 인사조차 나누지 못한다. 형편상 더 이상 함께 일할 수 없게 된 릭과 클리프는 각자의 길을 가기로 하고 릭의 집에서 릭과 마지막 만찬을 즐긴다. 그날 밤, 누군가의 사주를 받고 사람을 죽이기 위해 들이닥친 세 명의 히피들을 클리프는 자신이 키우던 개와 함께 싸우다가 칼을 맞고 쓰러진다.

영화 〈원스 어폰 어 타임… 인 할리우드〉의 장르는 드라마, 코미디다. 우연히 영화를 봤지만 어떤 지점에서 웃어야 할지 고민할 정도로 웃음 포인트를 찾지 못했다. 나만 그런 건가? '코미디' 하면 우리는 배꼽 빠지게 웃기는 상황들이 연출될 것으로 기대하지만, 종종 기대를 저버리거나 억지스럽고 작위적인 설정에 짜증스러운 순간들이 많다. 그런데 이 영화는 코미디라기에는 전개가 다소 당황스럽다. 마지막 장면들은 예상을 뛰어넘어 잔혹하기까지 하다. 사람을 화생방 기계로 태워 죽이다니… 이 장면을 보고 웃어야 할까?

영화를 보고 난 후 한동안 '왜 이 영화가 코미디로 분류가 되었

| 영화 〈원스 어폰 어 타임...
인 할리우드〉 스틸

는가'에 대해 의아해하다가 점차 코미디라는 장르는 무엇인가, 코미디는 무엇인가가 궁금해지기 시작했다. 전개와 내용이 코미디가 아니더라도 포장이 코미디스럽다면 코미디라고 할 수 있을까?

코미디인가, 아닌가?

요즘 정치가 너무 재미있어서 공개 코미디가 사라지고 있다는 웃지 못할 이야기를 한다. 살다 보면 드라마보다 드라마틱하고 영화보다 영화 같고 코미디보다 더 웃긴 상황들이 많은 것은 사실이다.

이 영화는 원래는 샤론 테이트 살인 사건과 연루되었던 이야기를 쿠엔틴 타란티노 감독의 상상력으로 재구성한 것이다. 1960년대 같은 모습을 재현하기 위해 오래된 영상을 TV를 통해 보여주고 중간중간 누군가의 해설이 들어간다. 샤론 테이트는 로만 폴란스키 감독의 아내이자 배우로 괴한들의 침입을 받아 죽임을 당한다. 당시 임신 중이었던 그녀를 칼로 무참히 찔러 죽였는데, 당시 사건을 접했던 사람들은 엄청난 충격을 받았을 만큼 잔인한 사건이었다.

이런 사실에 근거해서 쿠엔틴 타란티노 감독은 크리프 부스와 개라는 사실은 존재하지 않았던 인물을 창조하고 그에게 괴한들을 물리치도록 한다. 처참하게 죽임을 당한 샤론 테이트에 대한 일종의 복수극이라고 하는데, 이런 사실을 모르고 영화를 보다 보니 스토리 전개가 당황스럽기까지 하다. 영화는 샤론 테이트보다는 릭 달튼과 그의 대역인 클리프 부스와 개에 초점이 맞추어진 듯이 보인다. 마지막 개의 활약이 인상적이다.

수십 년 전 일어났던 끔찍한 사건을 다시 재구성한 것에 대해 혹자는 죽은 샤론 테이트에 대한 복수라고 하지만 죽은 자에게 이것이 무슨 의미가 있을까 싶었다. 다만 사건을 기억하고 있는 많은 사람들에게 통쾌함을 주었다면 나름의 의미가 있을 수도 있겠다는 생각이 든다.

그리고 히피들… 여기서 히피는 타인의 권리를 무지막지하게 빼앗는 존재로 묘사된다. 거리에서 또는 버려진 집에서 기거하면서, 그들이 타인과 세상에 어떤 적개심을 키우며 살아왔을지는 조명되지 않는다. 그저 사람을 죽이거나 누군가에게 해를 입히거나 남의 집 앞을 서성이며 마약이나 하는 쓸모없는 존재들일 뿐이다.

231

| 영화 〈원스 어폰 어 타임... 인 할리우드〉 스틸
괴한(히피)들을 응징하는 크리프 부스(왼쪽)와 그의 개(오른쪽)

그런 존재에 의해 누군가가 죽임을 당할 수 있다는 것은, 사회적
으로 그들을 어떻게 바라보고 어떻게 대해야 하는지에 대해 고민
해야 할 지점이 아닐 수 없다.

　다시 돌아와 '왜 이 영화가 코미디일까'를 고민해보니, 영화의
전반적인 분위기 때문이라는 생각이 들었다. 릭 탈든이 자신의 집
에 침입한 괴한 중 한 명을 화생방 무기로 불태우는 장면은 엽기
적이기까지 한데, 한편으로 사람들에게 놀라움과 통쾌함을 주었
을 것이다. 내 집 마당에 들어와 나와 내 가족을 위협하는 존재에
대해 경종을 울리면서도, 그 두려움을 한 방에 날리는 뭐 그런 쾌
감 같은 거랄까? 이 영화는 일종의 블랙 코미디의 역할을 보여주
었다고도 할 수 있을 것 같다.

과연 코미디는 무엇일까?

그렇다면 코미디란 무엇인가? 사전적인 뜻은 다음과 같다.

코미디(comedy)

1. 웃음을 주조로 하여 인간과 사회의 문제점을 경쾌하고 흥미 있게 다룬 연극이나 극 형식.

2. 남의 웃음거리가 될 만한 일이나 사건.

즉 웃음을 주거나 웃음거리가 될 만한 것들을 말한다고 할 수 있다. 웃음을 주는 행위나 극 형식으로 만들어진 것들을 코미디물이라고 하는데, 지금까지 코미디에 대해 단 한 번도 깊이 생각해본 적이 없었던 듯하다. 그저 웃기면 되는 것이라는 단순한 생각이 전부였다. 그런 생각을 하게 만든 계기가 된 작품 중 하나가 영화 〈덤 앤 더머〉다.

짐 캐리의 탁월한 연기력에 힘입은 '덤 앤 더머' 류의 바보 연기는 사람들의 웃음보를 자극했다. 그러나 그 웃음 뒤에는 석연치 않은 느낌이 늘 있었다. 아무 생각 없이 웃다가도 좀 모자란 사람들을 희화화하는 것 같기도 하고, 아무런 메시지 없이 쓰러지고 넘어지고 게다가 이러저러한 상황들이 꼬이면서 일어나는 일들이 그다지 유쾌하지만은 않은 이유다.

그에 비해 찰리 채플린의 코미디는 여러 면에서 사회상을 풍자

하기도 하고 유머와 재치로 난관을 극복하는 과정을 보여준다. 영화 〈포레스트 검프〉에서는 바보스럽지만 성실하고 선한 이미지의 주인공을 통해 현실의 주요 사건들을 돌아보게 만든다.

단순한 즐거움을 추구하다 보면 결국 왜 우리가 웃는지에 대해 다시 반문하게 되는 아이러니, 웃음은 자체만으로도 면역력을 향상시키고 삶의 질을 높이기도 하지만 모든 웃음이 건강한 것은 아니라는 것이다. 이런 면에서 재미와 감동 모두를 잡은 한국 영화 〈극한직업〉이 새롭게 다가온다.

재미와 감동, 두 마리 토끼를 잡다

극한직업 Extreme Job, 2018

감독: 이병헌

출연:

류승룡
고반장 역

이하늬
장형사 역

진선규
마형사 역

S#1 우리는 마약반

오합지졸로 보이지만, 유도 국가대표 출신의 마형사, 사람도 죽여
봤을지도 모른다는 UDT 특전사 출신 영호(이동휘 분), '장박'이라 불
린 여자 무에타이 동양 챔피언 장형사, 맷집이라면 남부럽지 않다
는 야구부 출신 재훈(공명 분), 그리고 강력 범죄 20년에 12번 칼을
맞고도 멀쩡히 살아서 '좀비'라 불리는 고반장(류승룡)까지 마약반
형사 5인방. 그러나 매번 수사는 허탕을 치고 결국 해체 위기까지
맞는다. 더 이상 물러설 수 없다!

S#2 낮에는 치킨 장사! 밤에는 잠복근무!

고반장은 국제 범죄 조직의 국내 마약 밀반입 정황을 포착하고 마약
반은 잠복 수사에 나선다. 24시간 감시를 위해 범죄 조직의 아지트
앞 치킨집을 인수해 위장 창업을 하게 되고, 수원에서 갈빗집을 하
는 마형사의 부모님 레시피를 활용한 덕분에 치킨집은 맛집으로 입

소문이 나기 시작한다. 어느새 수사하는 것인지 치킨 장사를 하는 것인지, 자신들이 형사인지 치킨집 사장인지 직원인지 혼란스러운 가운데 조직 소탕을 위한 절호의 기회가 찾아온다.

〈극한직업〉은 목숨을 걸고 뛰어다니며 일해도 쥐꼬리만 한 월급을 받으며 힘들게 살아가는 경찰들의 삶과 하루하루 어렵게 버티고 있는 자영업자들의 삶을 유쾌하게 비틀었다.

"무례하거나 위협적이지 않은 어떤 방식으로 기존에 확립된 질서를 뒤집어 놓을 때 그것은 재미가 있다. 모든 농담은 하나의 작은 혁명이다."

– 조지 오웰

〈극한직업〉의 웃음 코드는 예상을 빗나간 반전이다. 잠복근무하기 위해 치킨집을 인수했는데 장사가 너무 잘되서 문제다. 어느새 자신들의 임무를 망각하고 장사에 몰입하는 장면이 가장 웃기는 포인트라고 생각된다.

후배들이 방송에 나가는 것을 가지고 갑론을박하는 모습을 보며, 경찰 본연의 정체성을 강조하던 고반장이 걸려온 전화를 받으며 "지금까지 이런 맛은 없. 었. 다."라는 멘트를 너무도 자연스럽게 읊는 장면, 잠복근무를 위해 택한 치킨집에서 범인들을 발견하고 쭈그리고 앉아 있는 형사들을 수상하게 여긴 치킨집 사장에게 게임을 하는 듯한 장면을 연출하는 것이 그 예다.

범인을 잡기 위해 고반장은 퇴직금을 미리 받아 치킨집을 인수하게 된다. 장사할 생각을 안 한 치킨집에 손님이 찾아오자 급하게 닭을 튀기기 시작하고, 수원왕갈비 식당을 운영하던 부모님을 둔 마형사가 발군의 실력으로 개발한 갈비양념치킨에 사람들은 열광한다. 하루 종일 닭을 튀기느라 범인들을 놓치고도 모르는 팀원들에게 영호는 "왜 장사가 잘되는 건데!!" 하며 소리친다.

팀원들: 너 어디 있다가 이제 와? 하여간 일하는 놈 따로 있고…

영　호: 왜 무전, 전화 안 받아요? 범인 잡으려고 치킨집 하는 겁니까, 치킨집 하려고 범인 잡으려는 겁니까? 이무배 떴습니다.

고반장: 어떻게 됐어?

영　호: 언제 퍼질지 모르는 똥차를 타고 양 갈래 길이 나오는데

| 영화 〈극한직업〉 스틸

237

어디로 가야 하는지… 그 참담한 심정을 아시냐구요?

마형사: 양념이나 후라이드냐네. 180도에 다치고 칼에 베이고 얼
　　　마나 쓰라린 줄 알아? 토막살인 사건을 다뤄도 모자란 판
　　　에 닭이나 팔고 있는 내 심정을 너는 아시냐구요?

이어 팀원들의 하소연이 이어진다.

영　호: 그러니까, 장사해서 돈 벌려고 하는 거 아니잖아요. 왜 최
　　　선을 다하는데, 왜 자꾸 장사가 잘 돼는데!!

맛집 소문을 듣고 찾아온 방송국 PD는 방송에 출연해줄 것을
제안하지만, 경찰 신분이 노출될까 우려해 거절한다. 이에 팀원들
은 방송 출연이 불발된 것을 안타까워한다. 이런 불만을 들은 고
반장은 팀원들을 책망한다.

고반장: 이것들이 진짜. 정신 안 차릴래? 그럴 거면 아예 그만두
　　　고 닭집을 차리던가? (이때 전화가 온다. 팀원들을 채근할 때와
　　　달리 표정을 바꾸고 마음을 다해) 지금까지 이런 맛은 없었다.
　　　이것은 갈비인가 통닭인가. 예, 수원왕갈비통닭입니다.

팀원들 어이없어 하며 고반장을 쳐다본다.

인지적 전환에 대한 반응, 유머

이런 반전을 심리학적으로 설명하면 '인지적 전환(cognitive shift)'이라고 할 수 있다. 한 이론에 따르면 사람들은 어떤 대상을 지각하는 데 있어서의 인지적 전환에 대한 반응으로서 유머를 경험한다. 대상에 대한 한 관점의 생각으로부터 완전히 다르지만 적절한 관점의 생각으로 옮겨가는 것을 말한다.

> 문: 변호사가 물에 빠져 죽는 것을 어떻게 막을 수 있을까?
> 답: 물에 빠지기 전에 총을 쏴.

만약 여러분이 이것을 재미있다고 생각한다면 그 이유는 무엇인가. 인지적 전환의 관점에 따르면 이 유머는 누군가 변호사의 생명을 구하려고 한다는 가정에서 죽음의 방법을 선택하는 것으로 초점을 바꾸는 것에 있다. 물론 가족이나 주변에 아는 변호사가 있는 사람들은 웃지 못할 수도 있다. 어떤 사람은 빵 터뜨린 개그가 다른 사람에게는 전혀 즐겁지 않을 수 있다는 것이다.

말장난이나 화장실 유머, 야한 농담, 인종에 관한 농담, 몸개그(slapstick) 등을 생각해보자. 각각의 경우에 어떤 사람들은 떠들썩하게 웃고 즐거워하지만, 어떤 사람들은 무례하고 한심하고 바보스럽다고 느끼거나, 아니면 적어도 재미있지 않다고 생각한다. 어떤 농담의 전제를 이해하고 핵심을 놀라우면서도 적절한 것으로 받아들이기 위해서는 일종의 문화적 기준과 개인적 태도가 필요하다.

재미(amusement)는 누가 농담을 전달하는지에 따라서도 좌우된다. 유머는 친밀한 관계에서 관심을 나타내는 한 방식이다. 아시아인은 다른 아시아인을 놀릴 수 있고 유대인이 유대인에 관한 농담을 할 수는 있지만 다른 인종의 사람들이 같은 농담을 하는 것은 주의해야 한다. 유머는 매우 많은 배경 정보와 가정에 좌우된다. 말을 듣는 사람이 다른 관점을 갖고 있다면 웃기려는 시도는 실패하고 모욕적으로 느껴질 수 있다.[*]

영화 〈극한직업〉은 한편으로는 현재 삶의 애환을 건드리며 웃음을 주기도 한다.

마약쟁이: 모양새 빠지게 이게 뭐냐…

고 반 장: 돈 없어, 새끼야… 창문 깨지면 누가 변상해?

마약쟁이: 하여간 우리나라 짭새들 돈 없는 거, 인권 문제야… 사람이 먼저인 건데…

범죄자의 입에서 나온 말인데 웃자니 한편으로 슬프다. 현장에서 일하는 경찰관들이 애환을 그대로 이야기한 것 같아서 말이다. 게다가 자영업자들의 삶은 또 어떤가. 죽어라 일해도 자신이

* 제임스 W. 칼라트 외 지음/민경환 외 옮김, 『정서심리학』, 센게이지러닝, 2011

| 영화 〈극한직업〉 스틸

일한 월급도 못 가져가는 형편이고 코로나19의 여파로 더욱 팍
팍해졌다.

> 이무배: 뭔데, 니?
> 고반장: 나? 닭집 아저씨.
> 이무배: 닭집 하는데 왜 목숨을 거냐고?
> 고반장: 니가 소상공인들 존나 모르나 본데, 우리는 모두 목숨 걸
> 고 해. 이 시발노마!!

속이 후련하면서도 한편으로 마음이 아픈 것은 왜일까? 현실의
팍팍함을 꼬집었기 때문이다. 죽어라 일해도 살기 힘든 현실, 그
런데 누군가는 불법적인 행위를 통해 어마어마한 돈을 벌어들인
다. 이런 현실에 대한 풍자와 해학이 있기 때문이 아닐까? 풍자가
현실을 비판하는 것이라면 해학은 그런 비판을 수용하는 것까지

포함한다.

그럼에도 불구하고 우리는 또 열심히 살아가고 있으니까. 삶이 우리를 속일지라도 슬퍼하지만 말고 그것을 극복하고 새로운 삶을 살아가야 하는 것도 우리의 몫이기 때문이다.

웃으면 복이 온다?

웃음은 여러분이 즐겁게 지내고 있고, 함께 있는 사람들을 좋아하고 그들과 친밀한 관계를 지속하고 싶어 한다는 것을 나타낸다. 사람들에게 웃음이 명약이다. 고통을 줄여주고 병을 낫게 한다는 주장을 들어보았을 것이다. 이에 대한 근거의 대부분은 아플 때 웃음으로 회복된 사람들이 겪은 일화들이다. 하지만 일화는 근거로서 부족하다.

몇몇 연구들은 유머를 포함한 긍정적인 경험들이 일반적으로 면역 체계의 활동을 향상시킬 수 있음을 발견했다. 유머는 수술 환자들의 진통제 사용과 죽음에 대한 공포를 줄일 수 있다고 보고되었다. 그러나 유머와 건강에 관한 연구는 드물며, 실시한 연구들도 적은 수의 참여자들과 신뢰하기 어려운 통제집단을 사용한 것들이다. 유머는 의학적으로 유익할 수 있고 해가 되진 않겠지만, 건강상의 이점에 관한 과학적 증거는 약하다.[*]

그럼에도 불구하고 우리는 웃음이 우리의 건강과 안녕, 행복과 강력한 연결고리를 가지고 있다고 믿는다. 적어도 찡그리고 화난 모습보다는 웃는 얼굴이 보기 좋고, 사람들은 긍정적인 사람과 만남을 유지하고 싶어 한다는 것이다. 사는 것이 뜻대로 되지 않을 때, 유쾌한 웃음을 선사하는 영화 한 편이 진정 필요한 요즘이다.

---

* 제임스 W. 칼라트 외 지음/민경환 외 옮김, 『정서심리학』, 센게이지러닝, 2011

"글을 쓴다는 것은 거대한 목표를 가지고 시작해서 졸렬한 자신의 지식과 능력의 한계를 인식하고 끝나는 것" 같다는 생각이 든다. 맛있는 음식인 줄 알고 먹었는데 모래알이 씹히는 듯한 퍽퍽함이 오랫동안 남아 있는 것처럼.

『영화관에 간 심리학』 원고를 새롭게 쓰기 시작한 지도 벌써 1년이 훌쩍 지나버렸다. 원래 계획보다 원고를 늦게 마무리하는 일은 종종 있지만, 개인적으로 힘든 일들이 많았기에 이 원고를 탈고하는 것은 나에게 또 다른 의미가 있다.

작년 여름, 팔순 노모가 교통사고를 당하시고 이후 폐암 선고를 받았다. 생각지도 못한 악재에도 정신만 바짝 차리면 못할 것이 없다는 생각으로 이를 악물고 버텼다. 두 달이 넘도록 미친 듯이 비가 퍼부었지만, 병원을 오가며 각종 검사를 하면서도 혹시나 하는 기대를 했지만, 그 기대는 처참히 무너졌다. 폐암 3기였다.

노모의 뜻을 따라 강원도로 이사를 하고 치료를 받을 때는 서울에서, 휴식을 취할 때는 강원도에서 시간을 보냈다. 세 시간을 차를 몰고 노모와 함께 강원도를 오갔던 시간이 주마등처럼 떠오른다. 아직은 치료할 기회가 있으므로 열심히 항암치료 받으면 나으리라는 기대를 안고 노모와 함께 보낸 시간이 1년이 채 되지 않았는데, 갑자기 노모가 돌아가셨다.

아직도 꿈에서는 노모가 병원에 환자복을 입고 누워 있다. 아직 내가 현실을 받아들이지 못하고 있는 것이다. 노모의 빈자리를 생각하면 눈물이 솟구쳐서 아무것도 할 수 없었다. 그 와중에 코미디 영화를 보고 웃는다는 것은 생각할 수 없는 일이었다.

그럼에도 불구하고 힘을 내본다. 삶과 죽음은 인간의 한계를 넘어선 것으로 어찌할 도리가 없다. 슬프다고 이대로 주저앉아 있을 수만도 없는 일이다. 다시 힘을 내서 원고를 탈고한다. 책이 출간되면 제일 먼저 엄마가 계신 곳을 가서 기쁜 소식을 전할 생각이다.

『영화관에 간 심리학』을 쓰면서 늘 마음으로 응원해주었던 노모와, 곁에서 격려해주시고 도움을 주신 많은 분께 감사의 말씀을 전한다.

2021년 12월을 마무리하며
박소진

참고문헌

김은하 외 지음, 『영화치료의 기초: 이해와 활용』 박영스토리, 2016

김중술 지음, 『사랑의 의미』 서울대학교출판부, 2007

로라 E. 버크 지음/이종숙 외 옮김, 『아동발달』 시그마프레스, 2009

롤로 메이 지음/신장근 옮김, 『신화를 찾는 인간』 문예출판사, 2015

박소진 외 지음, 『비극은 그의 혀끝에서 시작됐다』 학지사, 2012

박소진 지음, 『나는 자발적 방콕주의를 선택했다』 마음의숲, 2018

박소진 지음, 『영화 속 심리학 1 · 2』 소울메이트, 2014 · 2015

박소진 지음, 『영화로 이해하는 심리상담』 박영스토리, 2017

박소진 지음, 『영화로 이해하는 아동·청소년 심리상담』 박영스토리, 2019

신호진 지음, 『2021 Master 형법총론 기본서』 문형사, 2021

심영섭 지음, 『영화치료의 이론과 실제』 학지사, 2011

오세섭 지음, 『공포영화, 한국 사회의 거울』 커뮤니케이션북스. 2020

오윤성 지음, 『범죄 그 심리를 말하다』 박영사, 2012

윤가현 외 지음, 『심리학의 이해 5판』 학지사, 2020

이부영 지음, 『분석심리학』 일조각, 2009

이윤기 지음, 『이윤기의 그리스 로마 신화 2』 웅진지식하우스, 2002

제임스 W. 칼라트 외 지음/민경환 외 옮김, 『정서심리학』 센게이지러닝,
        2011

플라톤 지음/석인해 옮김, 『소크라테스의 변명』 1989, 일신서적출판사

한국심리학회 편, 『더 알고 싶은 심리학』 학지사, 2018

영화관에 간 심리학

초판 1쇄 발행 2022년 3월 24일

지은이 박소진
펴낸곳 원앤원북스
펴낸이 오운영
경영총괄 박종명
편집 최윤정 김형욱 이광민 김상화
디자인 윤지예 이영재
마케팅 문준영 이지은
등록번호 제2018-000146호(2018년 1월 23일)
주소 04091 서울시 마포구 토정로 222 한국출판콘텐츠센터 319호 (신수동)
전화 (02)719-7735 | **팩스** (02)719-7736
이메일 onobooks2018@naver.com | **블로그** blog.naver.com/onobooks2018
값 16,000원
ISBN 979-11-7043-294-4 03180